REPORT ON CHINA-AFRICA INDUSTRIAL CAPACITY COOPERATION (2020-2021)

Predicament and Breakthrough in the Context of New Development Paradigm

中非产能合作发展报告
（2020—2021）

新发展格局下
中非产能合作的困境与突围

张巧文　刘健敏　李一鸣　主编

浙江师范大学经济与管理学院
中非国际商学院

中国财经出版传媒集团
经济科学出版社
Economic Science Press

图书在版编目（CIP）数据

中非产能合作发展报告. 2020－2021：新发展格局下中非产能合作的困境与突围/张巧文，刘健敏，李一鸣主编. —北京：经济科学出版社，2021.10

ISBN 978－7－5218－2926－6

Ⅰ. ①中… Ⅱ. ①张…②刘…③李… Ⅲ. ①区域经济合作－国际合作－研究－中国、非洲 Ⅳ. ①F125.4 ②F140.54

中国版本图书馆 CIP 数据核字（2021）第 200765 号

责任编辑：周国强
责任校对：徐 昕
责任印制：张佳裕

中非产能合作发展报告（2020—2021）
——新发展格局下中非产能合作的困境与突围
张巧文 刘健敏 李一鸣 主编
经济科学出版社出版、发行 新华书店经销
社址：北京市海淀区阜成路甲 28 号 邮编：100142
总编部电话：010－88191217 发行部电话：010－88191522
网址：www. esp. com. cn
电子邮箱：esp@ esp. com. cn
天猫网店：经济科学出版社旗舰店
网址：http：//jjkxcbs. tmall. com
固安华明印业有限公司印装
710×1000 16 开 14 印张 240000 字
2021 年 10 月第 1 版 2021 年 10 月第 1 次印刷
ISBN 978－7－5218－2926－6 定价：78.00 元
（图书出现印装问题，本社负责调换。电话：010－88191510）

本书编委会

顾　问

郑孟状　刘贵今

主　任

郑文哲

副主任

何曙荣

委　员（以姓氏拼音为序）

曹荣庆　高连和　葛深渭　金水英　李杰义　李淑梅　李文博
李一鸣　林　云　刘健敏　孙志娜　唐任伍　谢守红　张巧文
郑小碧　郑小勇　朱华友

主　编

张巧文　刘健敏　李一鸣

序

21年前，共同面临艰巨发展任务和国家振兴使命的中非双方，排除一切障碍，共谋合作双赢，一个全新的合作方案“中非合作论坛”于2000年应运而生。风风雨雨20余年，中非双方坚持相互尊重、平等相待的方针，互利共赢、务实高效、人民至上的理念，开拓创新、开放包容的精神，论坛机制不断完善，合作内涵不断提升，合作成果不断扩大，以浓墨重彩的成就书写着壮丽辉煌，有力促进了中非共同发展，赢得国际社会广泛关注，为全球人类的国际关系和国际合作树立了一面旗帜，竖起了一根标杆、形成了一个典范，并以坚实的合作步伐迈入了极不平凡的2021年。

2021年中国共产党迎来了一百周年诞辰，中国人民在中国共产党的领导下，实现了第一个百年奋斗目标，在中华大地上全面建成了小康社会，历史性地解决了绝对贫困问题，并意气风发地向着全面建成社会主义现代化强国的第二个百年奋斗目标迈进。同时，中非合作论坛在落实北京峰会成果的收官之年，面对国际形势发生的深刻变化，中非双方高瞻远瞩，又在谋划持续推进新的更大规模、更广范围的全方位合作，发掘中非合作新的契合点和增长点，开拓中非合作新领域，共商应对世界百年未有之大变局带来的各种风险，尤其是战胜新冠肺炎疫情在全球的施虐、阻击经济全球化的逆流，化解单边主义和霸凌行径的阴云，应对全球气候变化的加速等形形色色的挑战，实现中非经济社会发展和民生改善，共迎更加美好的明天。

中非合作的当务之急，是战胜仍在非洲施虐的新冠肺炎疫情。中国发挥中国特色社会主义制度优势，取得了战胜新冠肺炎疫情的决定性胜利，但新冠肺炎疫情仍在非洲大地施虐，随着新冠变异病毒不断出现，疫情在非洲有逐渐恶化的趋势。受疫情的影响，非洲地区和国家经济发展遭受不同程度的冲击，经济下行的压力加大，恐怖主义、民族矛盾、宗教冲突、党派斗争有进一步激化的趋势，人民的民生改善将受到进一步威胁，非洲地区的安全治理能力面临更大的挑战。因此，中非双方进一步扩大合作，打造中非命运共同体，比以往任何时候更显得重要。中国作为非洲各国的友好国家，奉行各美其美、美人之美、美美与共、天下大同的理念，不干涉别国的内部事务、不输出自己的价值观念，在非洲人民遭受新冠肺炎疫情打击的关键时刻，伸出宝贵的援助之手，雪中送炭，向非洲各国传递抗疫经验、输送抗疫物资设备和疫苗，深得非洲各国人民的欢迎。

历史的车轮滚滚向前，中非两方的人民已经形成了你中有我、我中有你、休戚与共的紧密联系，在多边贸易体系面临逆全球化和新冠肺炎疫情打击的情况下，中国充满活力的经济，非洲广阔的市场，为中非经贸合作升级转型提供了良好机遇。中国作为对非贸易、投资、基建融资和发展援助的最大经济体，业务多元、规模各异的中国企业为非洲大陆的每一个角落带来了资本、技术和创业精神，加快了非洲“雄狮”的经济发展步伐；而非洲的广阔市场，又为中国应对百年未有之大变局而实施以国内大循环为主体、国内国际双循环的新发展格局提供了支撑。全方位、多层次、多元化的中非合作格局，为中非双方带来了前所未有的新机遇。

浙江师范大学作为国内中非经贸合作领域的研究重镇，自2016年出版第一部中非产能合作发展报告以来，围绕中非产能合作的各个层面，从不同维度已经发布了4部发展报告，不仅扩大了浙江师范大学在中非产能合作领域的学术影响，而且培养了一大批有志于从事中非产能合作问题研究的青年学者。《中非产能合作发展报告（2020—2021）》是浙江师范大学中非经贸研究团队即将发布的第五部研究报告。该报告聚焦新冠肺炎疫情下中非产能合作的“困”与“破”，从分析新冠肺炎疫情下非洲复杂的营商环境入手，重点选取数字经济、医疗健康、清洁能源三个领域，通过对中非双方在上述领域合作的现状、重点、难点与机遇的审视，以及对浙江在非合作企业和项目的剖析，为疫情后中非产能合作的突围，以及浙江企业的非洲发展之道，提供有针对性的政策建议。报告视角独到，针对性强，是中非产能合作领域的又一部力作。该报告出版后，期待得到大家的关注和指正。故特为推荐，是为序！

浙江师范大学特聘教授
《中非产能合作发展报告》发起人
唐任伍

前言

2020 年是中非合作论坛成立 20 周年，20 年来，论坛机制不断完善，中非合作内涵不断提升，合作成果不断扩大。2021 年是落实中非合作论坛北京峰会成果的收官之年，新一届的中非合作论坛计划在塞内加尔召开。面对世界百年未有之大变局和新冠肺炎疫情，如何发掘中非合作新的契合点和增长点，挖掘中非合作新领域，是打造中非更加紧密命运共同体、实现中非互利共赢的关键点。

现阶段，非洲新冠肺炎疫情仍令人担忧，非洲安全治理危机极有可能不会因为后疫情时代到来而快速缓解。疫情首先放大了非洲地区和国家层面上的安全治理的能力挑战，使国别层面的非结构性暴力再度上扬；同时，非洲地区和国家层面上既有的安全挑战，如暴恐事件、海盗、国内分裂等呈报复性反弹态势，共同加剧了非洲安全治理的危机；而美国政府日益将非洲当作大国地缘政治博弈场所，重大扭曲了非洲的安全伙伴关系，加剧了非洲既有的日渐严峻和复杂的安全治理危机。非洲国家政权更迭速度快和多党派直接的斗争导致政治环境复杂，频繁出现区域冲突，安全治理问题令人担忧，给中国对非投资带来了巨大的挑战。

同时，非洲仍要在一段时间内面对经济发展和疫情防控的双重压力。因防控需求，各国一度中断经济活动，对非洲发展造成巨大冲击。根据非洲发展银行发布的《非洲经济展望 2021》和国际货币基金组织的《地区发展报告》，2021 年非洲经济预计增长 3.4%，远低于全球经济 6% 的增速，而资源依赖型国家经济恢复速度更加不理想。经济不振进一步加剧了财政赤字，加上非洲长期存在的粮食安全问题和社会动荡问题，新冠肺炎疫情带给非洲的经济复苏压力依然巨大，经济下行的风险仍值得密切关注。

但是，2021 年 1 月 1 日非洲大陆自由贸易区的正式启动释放了非洲发展的积极信号。非洲大陆自由贸易区的启动是非洲大陆一体化项目中最重要的里程碑之一。自贸区建设将极大促进非洲内部贸易、推进工业化和提升竞争力，并有助于创造就业机会；其释放出的区域价值链，将帮助非洲更有意义地融入全球经济。尽管受到新冠肺炎疫情等综合因素的影响，非洲大陆自由贸易区的进展较为缓慢，但在全球贸易发展背景下，特别是在多边贸易体系面临威胁的情况下，非洲大陆自由贸易区协定的重要性不言而喻，自贸区必将改善非洲作为投资目的地的前景，也为中非经贸合作升级转型提供了良好机遇。

新冠肺炎疫情给全球经济社会发展带来了严重的冲击，但这并未削弱中国与其他国家的协同合作。针对新冠肺炎疫情以及中美经贸关系所带来的挑战，中国适时提出了“双循环”的全新发展战略。“双循环”的目标是使国内和国际市场更好联通，这要求我国在对外投资领域继续扩大国家和地区“朋友圈”，形成全方位、多层次、多元化的开放合作格局。非洲将从中国多样化的进口趋势和发展新格局带来的潜在市场中获得新的机遇。

2020 年 6 月 17 日，习近平主席在中非团结抗疫特别峰会上提到，为克服疫情带来的冲击，中非合作重点向健康卫生、复工复产、改善民生领域倾斜。习近平主席进一步表示中方支持非洲大陆自由贸易区建设，支持非洲加强互联互通和保障产业链供应链建设，愿同非方一道，共同拓展数字经济、智慧城市、清洁能源、5G 等新业态合作。在“一带一路”倡议和中非合作论坛的框架下，非洲国家可以通过提升产品附加值，加大与中国在医疗、数字经济、清洁能源等重点领域加强合作，探索扩大中非合作投资新路径。

《中非产能合作发展报告（2020—2021）》是浙江师范大学中非经贸研究团队出版的第五份聚焦中非产能合作的专题研究报告，聚焦新冠肺炎疫情下中非产能合作的困与破。具体而言，报告通过分析疫情下非洲复杂的营商环境（张春、瞿诗怡，张瑾，孙志娜），重点选取数字经济（张为志，廖旭辉）、医疗健康（张巧文，刘钊轶）、清洁能源（李一鸣、毕世博及中非能源投资合作报告编写组）三个重点领域，分析上述领域合作的现状、重点、难点与机遇，为疫情后中非产能合作的突围提供政策建议，并进一步以浙江对非合作企业/项目（海康威视、万邦德、浙江小水电）作为研究案例，揭示了浙江企业的非洲发展之道，为浙资、中资企业开展对非合作提供参考。

限于时间和编者水平，本报告难免存在纰漏，还望读者批评指正，我们将在未来的工作中予以改正。

《中非产能合作发展报告（2020—2021）》课题组

目　录

附录

第一篇

营商环境

新冠肺炎疫情对非洲安全的冲击及我国对策的思考

张　春　瞿诗怡*

摘　要：2020年暴发的新冠肺炎疫情产生了广泛的经济、社会和安全影响，这在非洲表现得尤其明显：第一，疫情使非洲地区和国家面临的既有安全挑战如暴恐事件、海盗、国内分裂等明显反弹；第二，疫情对整个社会的冲击效应使非洲各国所面临的非结构性暴力再度上升；第三，疫情也使以美国为代表的西方国家将非洲当作大国地缘政治博弈场所的意愿上升。综合而言，疫情使前一时期非洲安全治理的成绩某种程度上被抵消，并使非洲安全治理所需的资源瓶颈进一步加剧。中国长期致力于中非和平安全合作，帮助非洲地区和国家改善安全治理状况。在疫情冲击背景下，中非和平安全合作应进一步优化资金分配、项目设置等，推动安全共筑的中非命运共同体构建。

关键词：新冠肺炎疫情；非洲；安全挑战；命运共同体

---

* 作者简介：张春，博士，云南大学非洲研究中心研究员、博士生导师；瞿诗怡，云南大学非洲研究中心硕士研究生。

2020 年全面暴发的新冠肺炎疫情（COVID-19）被证明远远超越公共卫生危机范畴，它事实上给全球各国的治理带来了巨大的影响。这对非洲来说尤其真实，公共卫生危机似乎还在其次，更大的冲击不仅发生在经济层面——2020 年非洲大陆国内生产总值（GDP）增长率半个世纪来首次出现倒退（-2.1%）[①]，疫情更是对非洲政治治理和安全治理带来重大冲击。值得强调的是，疫情冲击导致自 2002 年非洲联盟（以下简称“非盟”）成立以来不断改善的非洲安全治理呈倒退态势，具体表现为旧有安全挑战的明显反弹和新生安全挑战的上升；而以美国为代表的西方国家出于地缘政治目的扭曲了与非洲的安全伙伴关系，使得非洲的安全治理挑战变得更为复杂。中国长期致力于促进非洲和平安全，在竭尽所能帮助非洲防控新冠肺炎疫情同时，还应着眼于后疫情时代的中非关系和非洲发展，大力加强中非和平安全合作，推动安全共筑的中非安全共同体构建。

一、旧有安全挑战明显反弹

新冠肺炎疫情对非洲安全的冲击首先体现在旧有安全挑战的明显反弹上。自非盟成立以来，非洲安全挑战尤其是传统上长期存在的如暴恐事件、海盗、内战、地区冲突等整体上均呈下降态势。但疫情的暴发很大程度上使国家治理变得困难——既有经费紧张的因素，也有人员流动困难的因素，这为旧有安全挑战的反弹创造了条件。例如，根据武装冲突地点与事件数据项目（Armed Conflict Location & Event Data Project，ACLED）的数据，2020 年，尽管全球范围的政治暴力下降了 22%，但非洲却上升了 33%，[②] 其中，针对平民的暴力和武装团体斗争事件的数量增长快速，分别达到 28.5% 和 40.5%。[③]

---

① African Development Bank. African Economic Outlook 2021 [R]. 2021.

② ACLED. ALCED 2020: The Year in Review [R/OL]. https://acleddata.com/acleddatanew/wp-content/uploads/2021/03/ACLED_AnnualReport2020_WebMar2021_PubUpd.pdf, 2020-03.

③ 笔者根据 ACLED（https://acleddata.com/data-export-tool/）数据库统计得出。

非洲旧有安全挑战的反弹，主要体现在以下三个方面：

第一，恐怖主义和宗教极端主义组织在 2020 年活跃度明显增加。

尽管数据存在差异，但大多数机构都认为，非洲的极端组织活动自 2016 年起就呈反弹态势，而新冠肺炎疫情更是进一步推动了暴恐活动的强烈反弹。[①] 例如，根据非洲安全研究所（Institute for Security Studies）的统计，2020 年 1～8 月非洲的恐怖主义事件同比增长 18%；[②] 的确，非洲的极端组织仍在持续活动，并在大湖地区、南部非洲及莫桑比克等地区和国家进一步扩散。整体而言，非洲的极端组织主要活跃在索马里、撒赫勒、乍得湖盆地、莫桑比克和埃及等国家和地区。需要强调的是，除埃及外，其他地区和国家的暴恐活动在 2020 年都增幅明显。

极端暴恐活动在 2020 年的大幅增长与之前有着明显的区别性特征，即大多数暴恐活动是与各国安全部门的对抗："索马里青年党"与安全部队之间的战斗增长了 47%，而其所发起的暴恐活动导致的平民死亡人数相比 2019 年下降了 14%；乍得湖盆地以"博科圣地"和"伊斯兰国西非省"（Islamic State West Africa Province，ISWAP）为主的极端组织与政府安全部队的战斗数量比 2019 年增加了 73%，占整个地区所有暴恐事件的 46%，且针对平民和政府的事件和死亡人数都有明显增长；在埃及，恐怖主义组织与军方的战斗占所有涉恐暴力事件的 53% 和死亡人数的 34%，而针对平民的暴力仅占总事件的 11%，死亡人数仅占 6%；莫桑比克是个例外，其恐怖主义事件更多针对平民。[③]

第二，疫情推动几内亚湾海盗从"石油海盗"向"赎金海盗"转型。

如图 1 所示，自 21 世纪第一个十年后期到第二个十年后期，非洲海盗问

---

① Crump J. Terrorism and Security Threat Trends in 2021 [EB/OL]. Security Magazine, https://www.securitymagazine.com/articles/94219-terrorism-and-security-threat-trends-in-2021, 2020-12-22.

② Woldemichael S. Counter-Terrorism in Africa Must Adapt to New Realities [EB/OL]. ISS Today, https://issafrica.org/iss-today/counter-terrorism-in-africa-must-adapt-to-new-realities, 2020-11-04.

③ Africa Center for Strategic Studies. Spike in Militant Islamist Violence in Africa Underscores Shifting Security Landscape [EB/OL]. https://africacenter.org/spotlight/spike-militant-islamist-violence-africa-shifting-security-landscape/, 2021-01-29.

题的重点从索马里海域逐渐向几内亚湾转移。在2012年前，索马里海域的海盗活动明显比几内亚湾更为频繁，尤其是在2008～2011年；但随着海盗活动数量在2013年超过索马里海域后，几内亚湾便成为非洲海盗活动最为集中的地区。尽管从数量上看，在2007～2020年，几内亚湾海盗事件的数量增长并不明显——从2007年的51起增至2020年的82起，并未出现索马里海域那样的大起大落；但自2018年起，与索马里海域持续下降相比，几内亚湾海盗事件仍有较明显增长。这充分说明，几内亚湾海盗的活动能力、适应能力远超过索马里海域海盗。更为重要的是，在全球其他海域的海盗活动明显减少的背景下，几内亚湾反而维持增长。例如，2020年，全球海盗事件在2019年的基础上增长了20.4%，从162起增至195起；这一增长事实上来自非洲西部几内亚湾——2020年该地区共发生82起海盗事件，占全球42.1%，占全球增长的60.6%（33起中的20起）。①

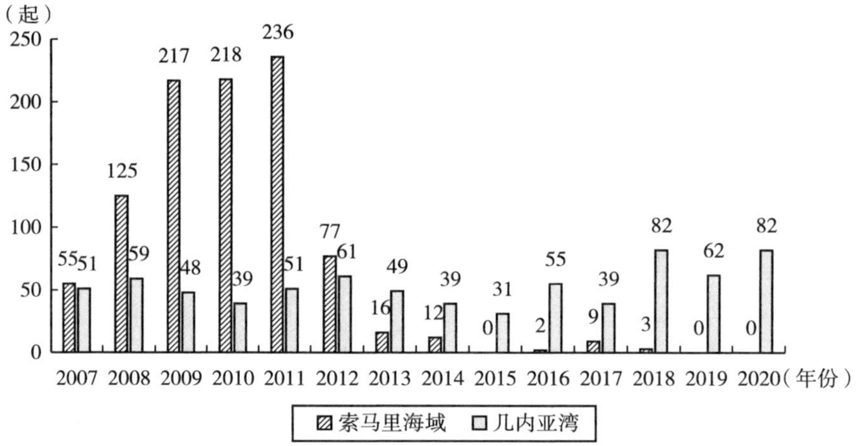

图1　索马里海域和几内亚湾的海盗活动（2007～2020年）

资料来源：笔者根据国际海事局（ICC International Martime Bureau）2007～2020年《海盗与武装抢劫船只》年度报告（https：//www.icc-ccs.org/reports）整理制作。

① ICC International Maritime Bureau. Piracy and Armed Robbery against Ships, Report for the Period 1 January-31 December 2020 [R]. London: ICC International Maritime Bureau, 2021.

尽管几内亚湾海盗活动数量在中长期里变化并不显著，但大致与疫情相同步的转型发展却格外引人注目。自2019年底起，几内亚湾海盗从“石油海盗”向“赎金海盗”的转型趋势日益明显，疫情在其中的助推作用相当重要。其一，几内亚湾海盗对绑架人质的兴趣突然高涨。根据国际海事局数据，2020年，全球海盗劫持人质共计135人；其中几内亚湾的22起海盗事件共计劫持人质130人，占全球总量的95%。事实上，自2019年下半年起，人质劫持就成为几内亚湾海盗的新战术；在2019年最后一个季度，2起海盗事件共计劫持人质达39人。① 其二，几内亚湾海盗对油船的兴趣明显下降，渔船正上升成为其主要目标。传统上，几内亚湾海盗更喜欢抢劫油船，其他较大船只如货船、近海支援船只等往往也是其劫持对象。② 但自2020年起，几内亚湾海盗更倾向于劫持船员数量规模适中但安保力量弱的渔船。在2020年1~9月，至少有5起成功的渔船劫持事件。③ 其三，几内亚湾海盗劫持船员的对象主要针对域外国家，即“不绑架非洲人”。其四，除了劫持目标的转变，其活动范围也正从近海转向远海。从距离海岸线远近角度看，几内亚湾海盗的攻击活动范围迅速从2018年的48海里，增长到2019年的62海里，2020年平均达到150海里，最远的甚至达到200海里。④ 所有这些充分说明，由于疫情对石油经济的冲击及各国政府或公司为其从事非法、不报告、不受管制（IUU）的远洋捕捞的船员支付赎金的意愿较强，推动了几内亚湾海盗的重大转型。的确，在2018~2020年3年的时间里，几内亚湾海盗的赎金金额平均增加了400%。⑤

---

① ICC International Maritime Bureau. Piracy and Armed Robbery Against Ships, Report for the Period 1 January-31 December 2020 [R]. London: ICC International Maritime Bureau, 2021.

② Dryad Global. Differences between Piracy in East and West Africa [EB/OL]. https://dg.dryadglobal.com/differences-between-piracy-in-east-and-west-africa, 2021-09-29.

③ Center for Maritime Law and Security. Gulf of Guinea Piracy: The Old, the New and the Dark Shades [EB/OL]. http://www.cemlawsafrica.com/gulf-of-guinea-piracy/, 2020-08.

④ IntelAfrique. The Rising Threat of Piracy in Gulf of Guinea's West African Coasts [EB/OL]. https://www.myjoyonline.com/intelafrique-the-rising-threat-of-piracy-in-gulf-of-guineas-west-african-coasts/, 2020-10-14.

⑤ Morizue F. Sea Piracy in 2025: Piracy 2.0? [EB/OL]. Maritime Executive, https://www.maritime-executive.com/blog/sea-piracy-in-2025-piracy-2-0, 2020-04-22.

第三，以水资源为代表的国家间历史性争端有升级可能。

非洲各国间往往围绕国家边界、跨境资源、跨境民族等存在复杂的历史纠纷，这很大程度上与殖民史相关。这些历史纠纷在特定的条件刺激下可能复活，并对相关国家间关系产生重要影响。围绕埃塞俄比亚复兴大坝（Grand Ethiopian Renaissance Dam，GERD）建设和蓄水引发的争端——尤其是在埃塞俄比亚、埃及和苏丹三国之间，正是此类安全危机的典型代表。尽管早在20世纪50年代就已启动勘探，但直到2011年，复兴大坝的建设才得以正式启动。即使有明显积极的经济社会影响，但埃及、苏丹和埃塞俄比亚围绕复兴大坝的争议自大坝开建以来便从未停歇。需要强调的是，围绕复兴大坝的争议表面上是水资源竞争，但更深层次的动因却是地区权势重组。

从水资源竞争的角度，争议的关键在于复兴大坝建成后对下游国家特别是埃及水资源的潜在影响。尽管尼罗河流域涵盖11个国家，但长期以来埃及和苏丹才是“尼罗河的霸主”。目前，尼罗河水资源分配仍以埃及和苏丹于1959年签署的条约为依据，而“1959年条约”又以“1929年条约”为基础。换句话说，当前的尼罗河水资源分享安排仍是英国殖民的后果。在这一意义上，复兴大坝的建设与运营，很大程度上是对既有的埃及、苏丹主导尼罗河水资源格局的冲击。从水资源层面看，三方事实上在大坝建设及其经济社会后果等90%以上问题均已达成一致，但仍有两个核心问题阻碍着目前的谈判：其一，持续旱情下的复兴大坝蓄水期调整与水量释放安排。由于埃及90%以上居民用水取自尼罗河，因此埃及高度强调极端情况特别是持续干旱时，复兴大坝的蓄水计划及最低水量释放问题。埃及要求埃塞俄比亚保证，无论何种情况下，都应确保阿斯旺大坝水位不得低于165米；但在埃塞俄比亚看来，这一要求事实上使大坝蓄水无限期推迟。因此，埃塞俄比亚承诺第一阶段蓄水完成后每年最多释放约350亿立方米水量，但埃及要求每年至少释放400亿立方米水量甚至更多。① 其二，有约束力的协议，并设置可诉诸

① Africanews. Ethiopia Rejects Egypt's Proposal to Manage Nile Dam [EB/OL]. https://www.africanews.com/2019/09/19/egypt-ethiopia-disagree-as-talks-over-nile-dam-project-resume/, 2019-09-19.

外部仲裁的争端解决机制。为维持其历史性权利，埃及事实上试图通过谈判达成一项总体安排，从而将尼罗河水资源的主导权从埃及、苏丹两方主导扩大为埃及、苏丹、埃塞俄比亚三国主导。但这恰好是埃塞俄比亚所反对的。由于长期被排斥在尼罗河水资源使用安排之外，加上其从未被殖民等历史传统，埃塞俄比亚始终担心围绕复兴大坝的协议会成为一个变相的尼罗河水资源分享协议，或被解释为此类协议。①②

由此可见，围绕复兴大坝的争端远非水资源，它还有着更为深远的地缘政治动因。除了在下文所要讨论的美国在该地区的地缘政治操纵之外，埃及与埃塞俄比亚在过去10余年里的权势地位变化也有着相当重要的影响。复兴大坝选择在2011年动工，既有埃塞俄比亚自身的经济社会发展需求，也有“阿拉伯之春”爆发后埃及长期虚弱的原因。换句话说，埃塞俄比亚复兴大坝的建设是利用了埃及的虚弱及由此而来的美国的战略倚重；但由于种种原因，复兴大坝建设未能如期完成，因此埃塞俄比亚事实上已经丧失机会窗口，从而使相关谈判变得日益困难，围绕大坝的相关争端可能面临长期化、常态化趋势。

二、非结构性暴力大幅回升

根据一项对新冠肺炎疫情暴发后一年内各国政治稳定的定量分析，到2023年，全球有超过80个国家可能面临上升的政治不稳定风险，其中非洲国家居多。③ 的确，疫情冲击的突然性、全面性及由此而来的经济困难等原因，使非洲国家面临着相当严峻的安全治理困难；特别是，由经济困难而导致的社会不稳定使非结构性暴力呈大幅回升态势，这进一步加剧了非洲的安全治理困境。

---

① Belay T S. Analysis：Why Ethiopia Should Avoid Arbitration as a Means of Dispute Settlement in a Possible GERD Deal [EB/OL]. Addis Standard，https：//addisstandard. com/gerd/，2020－06－29.

② Crisis Group. Nile Dam Talks：Unlocking a Dangerous Stalemate [EB/OL]. https：//www. crisisgroup. org/africa/horn-africa/ethiopia/nile-dam-talks-unlocking-dangerous-stalemate，2020－03－16.

③ Lockhart-Smith J，Will D. 2020's Sting in the Tail：Political Instability will Rise in 88 Countries [EB/OL]. Verisk Maplecroft，https：//www. maplecroft. com/insights/analysis/political-instability-88-countries-to-feel-2020s-sting-in-the-tail/#report_form_container，2021－03－11.

第一，从定性的角度，因疫情而大幅回升的非结构性暴力最为直接地体现为自2020年下半年开始快速增多的盗匪活动——陆上与海上均是如此。

在陆上，出于经济困难原因，盗匪、罪犯、极端组织及族群冲突等问题似有合流态势，使相关国家的安全治理变得更加复杂。在西部非洲、南部非洲乃至东部非洲都有类似发展。

一是为获得赎金的各类绑架，尤其是学生绑架案和高速公路货车司机绑架案大幅增加。自2020年底以来，尼日利亚西北部地区发生多起大规模绑架学生的事件，并引发民众的广泛恐慌，进而导致大量学校关闭。相比之下，在高速公路上设障绑架货车司机更多是小规模的盗匪行为，更多属于刑事犯罪，所要求的赎金往往不多，甚至创下了73美元的最低赎金纪录。①

二是学生绑架案更多是大规模盗匪群体所为，进而与极端主义合流的可能性更高。与奇博克（Chibok）的学生绑架案相比，目前的学生绑架与其有着根本差异：它们并非恐怖主义性质的，更多是“匪帮”行为；其核心目的不是为了极端主义的自身延续而更多是为了赎金。② 尽管如此，新冠肺炎疫情对恐怖主义组织来说有利有弊，经济困难和人口流动控制均有利于其招募新的人员，但组织经费短缺同样是极端组织面临的问题。因此，“博科圣地”及相关组织也开始朝西北地区渗透，并采用盗匪的手段，如高速公路绑架案增多与极端组织寻求生存高度相关。

三是族群冲突与强盗、土匪的伴生，使得问题高度复杂化，进而为极端组织提供了更大的生存空间。尼日利亚的族群冲突主要是游牧民族富拉尼族与农耕民族豪萨族的冲突；两个种族在都持有武装的情况下，因为气候变化、土地分配以及轻小武器扩散等原因，进一步激化了矛盾，冲突从赞法拉州向卡杜纳、卡齐纳、索科托和尼日尔等州蔓延。而由于这些冲突地带处于交界并森

① Tayo T, Obisesan P. Nigeria's Kidnapping Crisis Unites the North and South [EB/OL]. ISS Today, https://issafrica.org/iss-today/nigerias-kidnapping-crisis-unites-the-north-and-south, 2021-04-06.

② Obasi N. How to Halt Nigeria's School Kidnapping Crisis [EB/OL]. Crisis Group, https://www.crisisgroup.org/africa/west-africa/nigeria/how-halt-nigerias-school-kidnapping-crisis, 2021-04-02.

林较多，族群对抗与强盗、土匪等现象的伴生，使得问题更加复杂。由于西北地区日益动荡，为极端组织的渗入创造了条件，“博科圣地”尤其是“伊斯兰国西非省”和安萨鲁（Jama'atu Ansarul Muslimina Fi Biladis Sudan，通常称作 Ansaru）都有进入该地区活动的迹象。①

在海上，几内亚湾海盗从“石油海盗”向“赎金海盗”的转型意味着两个新发展。一方面，传统的“石油海盗”需要的更多是商业情报支持，而“赎金海盗”则更需要岸上社区配合。通过被逮捕海盗所透露的信息推测，几内亚湾海盗的集团化发展，可能与尼日利亚尼日尔三角洲叛军有关，最核心的是“尼日尔三角洲解放运动”（MEND）和“尼日尔三角洲复仇者”（NDA）等；每个海盗组织都有自己的陆地领土，当被绑架海员的下落已知时，其有时会遭到其他海盗或犯罪团伙的争夺。据估计，目前在几内亚湾运作的海盗和后勤支持的人员数量在 500 ~ 700 人左右。② 另一方面，几内亚湾海盗“不绑架非洲船员”的区别对待原则，意味着海盗行动团体（Pirate Action Groups，PAGs）属于一种新型的海盗组织，它们可能得到某种“特别许可”，被要求掠夺渔船、绑架域外国家船员，极可能是为了转移新冠肺炎疫情导致的经济困难所带来的国内压力。③ 更有观察人士暗示，几内亚湾海盗活动的增长，最糟糕的可能是其背后有流氓国家支持或某种官方背景，后者将绑架视作一种收入来源，进而积极与海盗展开合作。④

第二，从定量的角度，因疫情而大幅回升的非结构性暴力主要体现在暴乱、抗议及其他社会暴力的增长上。由非国家行为体所组织或发起的更多针

---

① International Crisis Group. Violence in Nigeria's North-West：Rolling Back Mayhem ［R/OL］. https：//d2071andvip0wj. cloudfront. net/288-violence-in-nigerias-north-west_0. pdf，2020－05－18.

② Morizue F. Countering Gulf of Guinea Piracy Towards 2025 ［EB/OL］. Maritime Executive，https：//maritime-executive. com/blog/countering-gulf-of-guinea-piracy-towards-2025，2020－05－03.

③ Schuler M. IMB Piracy Report：Crew Kidnappings Surge in Gulf of Guinea ［EB/OL］. GCaptain，https：//gcaptain. com/imb-piracy-report-crew-kidnappings-surge-in-gulf-of-guinea/，2020－10－14.

④ Insurance Marine News. IUMI 2020：Gulf of Guinea Piracy Heading Further Offshore，Warns Neylon ［EB/OL］. https：//insurancemarinenews. com/insurance-marine-news/iumi-2020-gulf-of-guinea-piracy-heading-further-offshore-warns-neylon/，2020－09－17.

对政府的自下而上的非结构性暴力，在“阿拉伯之春”后事实上已经成为非洲所面临的最为主要的安全挑战；相比之下，主要由国家所组织或发起的针对其他国家或外国/本国国民的结构性暴力，其比重正稳步下降。[①] 根据 ACLED 的数据，包括暴乱、抗议及其他社会暴力在内的非结构性暴力在 1997 年仅占非洲冲突事件的 14%，而针对平民的暴力和武装团体斗争等结构性暴力则高达 86%；2011 年，非结构性暴力首次超过结构性暴力成为非洲最为主要的安全挑战，其占比超过 40%，尽管在 2015 年以后有所下降，但 2019 年和 2020 年有所回升（见图2）。如果从冲突事实绝对数量的增长看，2020 年，非洲的非结构性暴力事件总量在 2019 年基础上增长了 20%，超过 2.1 万件，远远高于武装团体斗争（1.7 万件）和针对平民的暴力（1.45 万件）。[②] 鉴于疫情治理的困难及其不确定性，非结构性暴力的回升态势在短期内恐怕难以得到有效遏制。

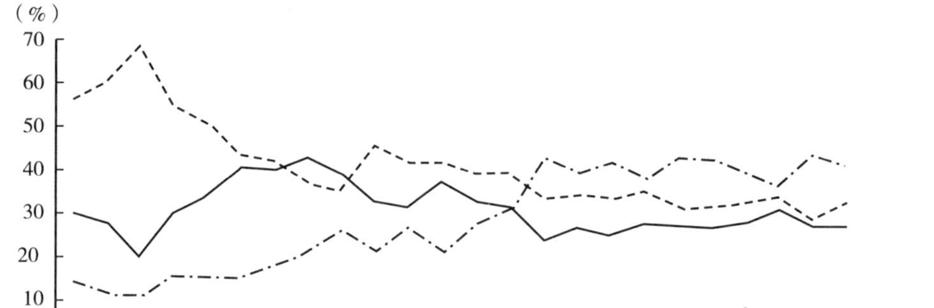

图 2　非洲安全挑战的类型变化（1997～2020 年）

资料来源：笔者依据 ACLED（https：//acleddata. com/data-export-tool/）数据库统计整理。

第三，从动力上看，非结构性暴力的大幅回升与因疫情而恶化的非洲国

① 张春．非结构性暴力增生与非洲动荡的常态化［J］．当代世界，2014（10）：44－46.

② 笔者根据 ACLED（https：//acleddata. com/data-export-tool/）数据库统计得出。

家治理密切相关。一方面，疫情削弱了非洲国家政治治理基础。仅就疫情本身而言，尽管非洲的确诊病例和死亡病例在全球所占比重较低，分别是3%和3.8%，但死亡率（2.7%）却高于全球平均水平（2.1%）。经济上，疫情使非洲经济遭受重创，尤其是宏观经济基础被明显削弱。由此而来，尽管非洲疫情应对总体表现尚佳——仅次于亚太地区，但好于欧洲和美洲①，不过疫情明显产生了重大的社会性后果，即非结构性暴力大幅回升。另一方面，疫情与部分国家的政治治理倒退存在重要关联。例如，自疫情暴发以来，非洲的“第三任期问题”和政变都有回升态势。2020年中，几内亚、科特迪瓦、布隆迪等国都成功突破“第三任期”限制；而马里在2020年8月和2021年5月再度发生政变，几内亚也于2021年9月发生政变。尽管仍是少数，但非洲政治治理倒退态势依然值得警惕。根据著名民意调查机构“非洲晴雨表”（Afrobarometer）对22个非洲国家的调查，一个普遍性的趋势正在显现，即：非洲公众对传统领导人尤其是部落酋长等的信任度和认可度明显更高，对西方式民主制而来的国会议员的信任度和认可度最低（见表1）。事

表1　非洲公众对不同类型领导人的态度　单位：%

类型	信任度	腐败可能认知度	工作表现认知度
传统领导人	64	72	64
总统	49	53	52
地方官员	43	59	46
国会议员	39	51	38

资料来源：Logan C，Katenda L M. African Citizens' Message to Traditional Leaders：Stay in Development，Stay out of Politics ［R/OL］. Afrobarometer Dispatches，No. 443，https：//afrobarometer. org/sites/default/files/publications/Dispatches/ad443-citizens_want_traditional_leaders_but_not_in_politics-afrobarometer_dispatch-21april21. pdf，2021－04－21。

① Lowy Institute. Covid Performance Index ［EB/OL］. https：//interactives. lowyinstitute. org/features/covid-performance/，2021－03－21. 该排名存在诸多方法论缺陷，尤其是依据人口规模、每日病例及疫苗注射等加以衡量，进而将中国排除在外——因为确诊病例数量过少且经常为零。

实上，该调查显示的更深层次的问题是，越是通过接近西式民主产生的官员，其认知度可能越低，尽管其腐败可能性更低。

三、安全伙伴关系遭西方扭曲

疫情很大程度上加速了既有的全球权势转移进程。尤其重要的是，2020年的中美经济实力对比首次突破70%大关，达到73%；到2021年，中国GDP总量可能达到美国的75%甚至更高。① 在这一背景下，美国在非洲与中国以及俄罗斯展开地缘政治竞争的决心正日益坚定，从而使非洲的安全伙伴关系面临扭曲风险，具体体现为三个方面。

第一，美国与中国在非洲的地缘政治竞争的战略决心、竞争烈度可能持续上升。

美国目前与中国在非洲大力展开地缘政治竞争的决策，很大程度上源于特朗普政府所确立的将中国从非洲“推回”（push back）的战略。具体而言，该战略主要包括三个支柱，即：政治“提醒”——让非洲国家充分“警惕”中国的影响；经济“抵消”——利用有着高度两党共识的对非战略特别是2018年美国通过的《建造法案》（*BUILD Act*）“抵消”中国在非洲的经济影响力；安全“阻止”——以其在非洲的重大安全、军事存在，强化美国在非洲的伙伴关系并调整美国对非安全援助，进而阻止中国参与非洲和平安全事务。②

需要强调的是，疫情很大程度上使拜登政府感受到持续推进将中国从非洲“推回”的紧迫性：一方面是由于中美应对疫情的重大差异，另一方面则是中非关系在疫情期间的持续推进。拜登总统上台后，迅速确立了美国对非

---

① IMF. World Economic Outlook Update, October 2020: A Long and Difficult Ascent [R/OL]. https://www.imf.org/en/Publications/WEO/Issues/2020/09/30/world-economic-outlook-october-2020, 2020-10.

② 张春，赵娅萍. 美国对非洲政策的战略指向及未来走势［J］. 西亚非洲，2021（2）：3-24.

政策的四个支柱，即多边主义、民主推广、经济利益和地缘政治，其重点仍将是与中国的竞争，特别是在非洲反对中国的“经济滥用、强制行动及破坏全球治理”等。① 可以认为，拜登政府很大程度上将延续其前任们的对非政策，尤其是将继承特朗普总统的“繁荣非洲”（Prosper Africa）计划。例如，在其 2021 年 5 月底提交的 2022 年度预算申请中，奥巴马总统创设的“电力非洲”（Power Africa）计划为 5740 万美元，而特朗普总统创设的“繁荣非洲”计划为 7700 万美元。②

如果对比拜登政府 2022 年预算申请和特朗普政府 2020 年的预算执行中针对非洲的主要项目，可以发现，拜登总统的确继承了特朗普所开启的针对中国的地缘竞争战略：其中增长最快的是“经济支持基金”（Economic Support Fund），达到 44%，但其真实目的并非经济增长，而是通过强化民主制度、促进和平与安全、反恐和促进经贸关系而促进伙伴关系；尽管名为“经济支持基金”，但其在非洲的主要活动还包括支持跨撒哈拉反恐伙伴关系（Trans-Sahara Counterterrorism Partnership，TSCTP）、东非地区反恐伙伴关系（Partnership for Regional East Africa Counterterrorism，PREACT）、非洲地区民主基金（Africa Regional Democracy Fund，ARDF）等。③ 增长速度居第二位的是美国对外安全援助中的传统项目，即国际军事教育和训练，达到 23.5%；对非洲的外军资助也增长了 20%；增速居第四、第五位的也是安全援助项目，即维持和平行动和防扩散、反恐与相关项目。尽管对非洲发展援助增长了 5 亿美元，达到 14.2 亿美元，但其增长速度只有 4%；对非洲的人道主义援助和国际麻醉品管制和执法的降幅均超过 10%（见表 2）。尽管非洲始终

---

① White House. Remarks by President Biden on America's Place in the World [EB/OL]. https://www.whitehouse.gov/briefing-room/speeches-remarks/2021/02/04/remarks-by-president-biden-on-americas-place-in-the-world/, 2021-02-04.

② Saldinger A. Biden Administration Releases Full Budget Request for Fiscal Year 2022 [EB/OL]. Devex, https://www.devex.com/news/biden-administration-releases-full-budget-request-for-fiscal-year-2022-100024, 2021-05-31.

③ Congressional Budget Justification. Department of State, Foreign Operations, and Related Programs, Fiscal Year 2022 [R/OL]. Washington, D. C.: U. S. Department of State, 2021.

不是美国外交的高度优先，但基于与中国竞争而“赢得21世纪”的战略意图，[①] 拜登政府在非洲与中国展开地缘政治竞争的意图仍是明显的。

表2　　美国对非援助项目预算（2020年与2022年）

项目	2020年支出（万美元）	2022年申请（万美元）	增长（万美元）	增长率（%）
经济支持基金	6150	8860	2710.3	44.07
国际军事教育和训练	1586	1958	372.5	23.49
外军资助	500	600	100	20.00
维持和平行动	28135	30771	2636.1	9.37
防扩散、反恐与相关项目	5685	6200	515	9.06
发展援助	136482	141968	5486.3	4.02
全球公共卫生项目	534693	545954	11261.4	2.11
人道主义援助	91670	79760	-11910	-12.99
国际麻醉品管制和执法	7785	6585	-1200.4	-15.42

资料来源：Congressional Budget Justification. Department of State, Foreign Operations, and Related Programs, Fiscal Year 2022 [R/OL]. Washington, D. C.: U. S. Department of State, 2021。

第二，在美国试图围绕中美地缘政治竞争制定并落实其对非政策的同时，其他大国也纷纷加大对非地缘政治关注，尽管其实际投入可能减少。

对非洲而言，安全治理困难的深层根源在于发展不充分，而新冠肺炎疫情使情况进一步复杂。即便如此，其他大国仍纷纷效仿美国，以地缘政治竞争为假设制定其对非政策——尽管经常打着发展的名义。必须强调的是，疫情对全球经济的普遍冲击导致发达国家的经济资源进一步吃紧，因此在冷战结束后发达国家对非“援助疲劳症”（Aid Fatigue）极可能再次出现，形成新的“非洲问题的非洲解决方案”（African Solutions to African Problems, ASAP）。例如，法国于2021年5月18日在巴黎举行非洲融资峰会（African

① Detsch J. Biden Goes Off-Script on China [EB/OL]. Foreign Policy, https://foreignpolicy.com/2021/04/29/biden-congress-address-china-100-days/, 2021-04-29.

Economies Funding Summit)，并推动帮助非洲渡过疫情的“新政”(New Deal)。新冠肺炎疫情暴发后，国际社会广泛动员资金加以应对，其中国际货币基金组织（IMF）动员了5000亿美元的特别提款权（SDR)，但这实际能够分到非洲的仅为256亿美元。[①] 因此，此次峰会的重要目的是说服发达国家重新分配特别提款权，使非洲国家可获得的总额达到1000亿美元。[②] 此外，峰会还就疫苗供应问题进行了讨论，但如果到2021年底将非洲疫苗接种率提高到40%，需要额外增加500亿美元资金；而峰会似乎并未就此达成解决方案。[③] 因此，尽管打着“新政”的旗号，但法国并没有为非洲提供实质性的帮助，更多承诺是IMF所做出的——在2021年内新增6500亿美元特别提款权，但整个非洲只能分配330亿美元、撒哈拉以南非洲仅有240亿美元；很显然，这对非洲在2021～2025年高达2850亿美元的资金缺口可谓杯水车薪。[④⑤]

与法国相比，英国对非政策的地缘政治考虑更多的是重塑其脱欧后与世界的政治经济关系。为应对脱欧带来的冲击，英国政府决定从2020年起举行年度性英非投资会议。2020年英非投资峰会（UK-Africa Investment Summit）被视作英国与非洲基于贸易、投资、共享价值观及共享利益的新型伙伴关系的基础。峰会达成一揽子合作计划，其中包括：价值65亿英镑的商业合同——涵盖基础设施、能源、零售及科技等领域；英国政府宣布总价值为15

① Sembene D. Mobilizing External Financing for Africa's Crisis Recovery [R]. CGD Policy Paper, 2021.

② Sommet sur les économies africaines: de Ouattara à Tshisekedi, Macron réunit les dirigeants du continent à Paris [EB/OL]. Jeune Afrique avec AFP, https://www.jeuneafrique.com/1173922/politique/sommet-sur-les-economies-africaines-de-ouattara-a-tshisekedi-macron-reunit-les-dirigeants-du-continent-a-paris/, 2021-03-18.

③ Roger B. New Deal, DTS, dettes et vaccins…Ce qu'il faut retenir du sommet sur le financement des économies africaines [EB/OL]. Jeune Afrique, https://www.jeuneafrique.com/1174278/politique/new-deal-dts-dettes-et-vaccins-ce-quil-faut-retenir-du-sommet-sur-le-financement-des-economies-africaines/, 2021-03-19.

④ Marketforces Africa. France New Deal for Africa not Without Strings Attached [EB/OL]. https://dmarketforces.com/france-new-deal-for-africa-not-without-strings-attached/, 2021-05-19.

⑤ Deutsche Welle. Paris Summit Promises 'New Deal' for Africa [EB/OL]. https://www.dw.com/en/paris-summit-promises-new-deal-for-africa/a-57575579, 2021-05-18.

亿英镑的对非援助项目，预期可撬动24亿英镑的私人资本参与；英国还承诺3.97亿英镑用于促进英非贸易和投资关系等。① 即便如此，非洲对英国的商业意义并不重要。例如，尽管绝对金额保持着稳步增长，但对非投资在英国对外投资中的比重始终在3%左右。② 又如，在2021年1月20日的英非投资峰会上，英国强调“希望英国成为非洲首选投资伙伴的雄心”，并重申需要“更好、更快、更绿色”地重建，但却明显缺乏实质性投入。

在大国中，俄罗斯对非政策的地缘政治意图最为明显，因其对非政策更多围绕军事安全展开。自2015年起，俄罗斯试图重拾其冷战时期在非洲的影响力：俄非贸易额从2010年的50亿美元迅速增至2019年的140亿美元，其在俄罗斯对外贸易中的比重也从1.5%增至3.3%；③ 但在贸易增长的背后，俄非关系仍更多借助传统的军事安全工具。在过去10年中，俄罗斯向包括安哥拉、乍得、刚果（布）、赤道几内亚等在内的18个撒哈拉以南非洲国家提供武器④，并与28个非洲国家签署了军事合作协议。⑤ 更为重要的是，自2016年开始，俄罗斯私人军事公司（Private Military Companies，PMCs）在非洲和平安全中发挥的作用日益增长，包括利比亚、苏丹、中非、马达加斯加在内的多个非洲国家都有俄罗斯私人军事公司的影子。⑥

---

① UK Gogernment Statement [EB/OL]. UK-Africa Investment Summit 2020, https://assets.publishing.service.gov.uk/government/uploads/system/uploads/attachment_data/file/859314/2020_01_20_AIS_-_UK_Government_Statement_Final_Version.pdf, 2020-01-20.

② Irwin-Hunt A. UK Doubles Down on African Relations [EB/OL]. FDI Intelligence, https://www.fdiintelligence.com/article/79327, 2021-01-21.

③ Russia Briefing. Opportunities for Russian Trade & Investment in Africa [EB/OL]. https://www.russia-briefing.com/news/opportunities-for-russian-trade-investment-in-africa.html, 2021-05-27.

④ Stronski P. Late to the Party: Russia's Return to Africa [EB/OL]. Carnegie Endowment of International Peace, https://carnegieendowment.org/2019/10/16/late-to-party-russia-s-return-to-africa-pub-80056, 2019-10-16.

⑤ Ray C A. Does Africa Matter to the United States? [EB/OL]. Foreign Policy Research Institute, https://www.fpri.org/article/2021/01/does-africa-matter-to-the-united-states, 2021-01-11.

⑥ Borshchevskaya A. The Role of Russian Private Military Contractors in Africa [EB/OL]. Foreign Policy Research Institute, https://www.fpri.org/article/2020/08/the-role-of-russian-private-military-contractors-in-africa/, 2020-08-21.

第三，非洲之角正日益成为域外大国在非洲展开地缘政治竞争的缩影。

大国在非洲之角的地缘政治竞争主要表现为两个方面：一是因海湾国家矛盾溢出而来的地缘政治斗争；二是美国发起的旨在重新实现对地区内主要大国特别是埃及、埃塞俄比亚和苏丹的战略平衡的地缘战略操纵。

自2015年起，海湾国家间的相互敌对引发了非洲之角地缘政治的重大且深刻转型，最为明显地体现为：地区地缘政治正从冷战时期的超级大国主导和冷战后时期的地区内各国互动，转向目前的海湾国家驱动模式。[①]其中尤其重要的是，自2015年起，非洲之角地缘政治出现明显的军事化发展。2015年前，仅美国（3个）、英国（1个）、法国（1个）和意大利（1个）等西方大国及日本（1个）在非洲之角拥有军事基地。但2015年也门内战爆发促使海湾国家迅速以商业合作手段打开在非洲之角建设军事基地的通道。此后短短几年的时间里，阿联酋、土耳其、沙特等海湾国家纷纷在非洲之角建设新的军事基地。到2019年，非洲之角已建成、正在建设和计划建设的军事基地多达19个，使军事化成为非洲之角最引人注目的发展（见表3）。

表3　　非洲之角的外国军事基地

序号	基地所在地	建立时间	基地使用国	序号	基地所在地	建立时间	基地使用国
1	肯尼亚纳纽基（Nanyuki）	1967	英国	6	吉布提	2011	日本
2	吉布提	1977	法国	7	吉布提	2013	意大利
3	吉布提	2001	美国	8	索马里基斯马尤（Kismayo）	2015	美国
4	埃塞俄比亚阿尔巴门奇（Arba Minch）	2003	美国	9	厄立特里亚阿萨布（Assab）	2015	阿联酋
5	肯尼亚曼达湾（Manda Bay）	2004	美国	10	索马里摩加迪沙（Mogadishu）	2015	阿联酋

① 张春. 非洲之角政治转型及中国的政策选择［J］. 现代国际关系，2020（3）：49-56.

续表

序号	基地所在地	建立时间	基地使用国	序号	基地所在地	建立时间	基地使用国
11	索马里兰伯贝拉（Berbera）	2016	阿联酋	16	苏丹萨瓦金（Suakin）	2017	土耳其
12	吉布提	2016	沙特	17	索马里拜多阿（Baidoa）	2017	英国
13	索马里巴勒多格尔（Baledogle）	2017	美国	18	吉布提	2017	中国
14	索马里邦特兰博萨索（Boosaaso）	2017	阿联酋	19	苏丹港	2018	俄罗斯
15	索马里摩加迪沙	2017	土耳其				

资料来源：Melvin N. The Foreign Military Presence in the Horn of Africa Region [R/OL]. SIPRI Background Paper, https://sipri.org/sites/default/files/2019-04/sipribp1904.pdf, 2019-04；Berg W, Meester J. Ports & Power: The Securitisation of Port Politics [J]. Horn of Africa Bulletin, 2018, 30 (2): 13-19。

非洲之角地缘政治格局的另一变化源起于美国试图重掌地区主导权的一系列战略尝试，其关键在于2020年下半年美国与苏丹的关系正常化。美国与苏丹关系正常化，根本上源起于美国自1993年后丧失对苏丹的影响，进而使原本对埃及、埃塞俄比亚和苏丹的三国平衡变为在埃及和埃塞之间寻求平衡，而2011年“阿拉伯之春”使埃及陷入长期虚弱，埃塞俄比亚几乎成为美国在非洲之角的唯一战略倚重。但这并非美国所乐意看到的。正是在这一意义上，美国通过对南苏丹内战调解、苏丹政治转型等进程的大力介入，试图重建对埃及、埃塞俄比亚、苏丹的平衡。也正因为如此，拜登很大程度上采纳了美国和平研究所（United States Institute of Peace，USIP）在2020年10月底所提出的非洲之角战略，① 并于2021年4月23日任命杰弗里·费尔特曼（Jeffrey Feltman）为新创设的非洲之角事务特使。

① United States Institute of Peace. Final Report and Recommendations of the Senior Study Group on Peace and Security in the Red Sea Arena [R/OL]. https://www.usip.org/sites/default/files/2020-10/senior_study_group_on_peace_and_security_in_the_red_sea_arena-report.pdf, 2020-10-29.

四、余论：构建安全共筑的中非命运共同体的思考

尽管新冠肺炎疫情何时终结仍不可知，但可以肯定的是，有效缓解疫情对非洲安全的影响极可能需要更长时间。中国长期承诺于非洲和平安全，并以实际行动推动着中非和平安全合作。① 但在当前全球治理某种程度上陷于倒退、国际公共产品供应乏力的背景下，中国必须进一步强化对非洲安全的承诺和中非和平安全合作，大力构建安全共筑的中非命运共同体，为更加紧密的中非命运共同体构建贡献力量。

第一，致力于提升非洲安全治理的自控能力。疫情对非洲安全的冲击凸显了一个基本事实，即非洲缺乏对危机冲击的自主掌控能力，进而面对危机冲击时高度脆弱。由此而来，中非和平安全合作的一个基本目标是致力于提升非洲安全治理的自控能力。一是强化与非洲国家的治国理政经验交流，帮助非洲国家自主探索适合自身国情的发展道路，制定国家发展战略规划，加强能力建设，提升治理水平。二是加强与非洲国家的军队、警察与反恐等合作，加大“中非和平与安全合作计划”的落实力度，在社会治理、维稳、维和、网络安全、打击海盗和反恐等领域加强务实合作和理念、经验交流。三是继续支持非洲地区和国家在促进和维护和平以及冲突后重建中发挥领导作用，继续支持非洲国家以非洲方式解决非洲问题、应对非洲挑战。

第二，致力于提升非洲安全治理的可持续能力。疫情对非洲安全的冲击表明，安全与经济、社会等其他方面的发展紧密相连，只有实现可持续发展，才能实现可持续安全。中国长期强调“发展是解决所有问题的总钥匙”，因此应进一步助推非洲提升其安全治理的可持续能力：一是要继续强化危机安全支持努力，在疫情仍在持续的情况下，应围绕抗疫和公共卫生援助展开对非人道主义援助，从而促进非洲社会稳定、改善经济发展态势；二是继续坚

① 张春．新时期中非和平安全合作：创新国际安全公共产品供应［J］．当代世界，2018（10）：4－8.

持“发展优先”的和平安全合作理念，围绕执法、反腐、安保等展开合作，使安全治理具备更为坚实的发展基础；三是继续完善中非和平安全论坛、中非执法安全合作论坛、中非合作论坛——法律论坛等机制建设，提高中非和平安全合作的可持续性；四是继续强化与联合国及其他重要第三方在非洲的和平安全合作努力，推动国际社会共同支持非洲安全治理的集体机制建设。

第三，致力于提升非洲安全治理的财务能力。疫情凸显了经济资源对非洲安全治理的支撑不足。中国已经提出了一系列举措以强化非洲安全治理的财务能力，下一阶段应尽可能维持甚至加大支持力度：一是在2018年中非合作论坛北京峰会提出的50个对非安全援助项目的基础，在2021年中非合作论坛上继续并新推出对非安全援助项目；二是提高中非和平安全合作基金的规模，优化其项目设施、资金拨付等举措；三是继续通过中国出资的联合国和平与发展信托基金向非洲提供更大的安全资助。

新冠肺炎疫情下的非洲宏观经济发展：区域国别与产业困局

张　瑾*

摘　要：突如其来的新冠肺炎疫情快速席卷全球，基础薄弱的非洲经济和社会发展受到了严重影响。本文结合主流国际组织的分析指标，重述新冠肺炎疫情背景下非洲宏观经济表现，对不同区域的非洲国家应对疫情的举措进行阐释，尤其注重卫生、教育、旅游、农业、能源矿产和交通运输业等不同产业的情况分析，并就“后”疫情时代非洲经济的发展做了展望。

关键词：新冠肺炎疫情；非洲；宏观经济；产业发展

2020 年 3 月 11 日，世界卫生组织将新冠肺炎定性为全球性大流行病（pandemic）。在 2020 年前半年，新冠肺炎疫情对非洲的冲击较为迟缓，多为病例输入再经本地传播扩散。但 2020 年后半年，新冠肺炎疫情对基础薄弱的非洲经济和社会的影响开始加剧，病患的死亡率报告呈现国别差异。2021 年过半，全球新冠肺炎疫情似乎有放缓迹象，但传染性更强的德尔塔毒株导致

* 作者简介：张瑾，博士，上海师范大学非洲研究中心副教授。

不少非洲国家病例激增，尤其是在乡村地区，非洲抗疫的紧迫性再次凸显。总体来看，非洲的宏观经济在区域和产业方面呈现出不同的特征，受“单一经济结构”影响的非洲各国，因为疫情封锁、全球产业波动、进出口限制等，进入了发展困难时期，未来的经济发展难言乐观。

一、疫情影响下的非洲经济总态势

（一）宏观经济指标中显示的非洲经济态势

2020 年新冠肺炎疫情席卷全世界伊始，非洲并不是疫情最严重的地区，但世界多个著名发展评级机构很早就预测到了非洲的经济下滑。2020 年 3 月 13 日，联合国非洲经济委员会（ECA）发出警告称，日益严重的新冠肺炎疫情可能严重削弱非洲业已停滞的经济增长，非洲可能会损失一半的国内生产总值（GDP），增长率可能从 3.2% 降至约 2%。因国际油价持续下跌，非洲石油出口国的原油损失价将高达 650 亿美元，且后续还可能导致非洲债务的可持续性面临挑战，非洲大陆还将需要多达 106 亿美元的意外医疗支出以应对新冠肺炎疫情。① 同年 4 月，非盟《新冠疫情对非洲经济的影响》报告显示，根据最新宏观经济模型和对新冠疫情影响程度不同的两种情景分析，非洲经济可能萎缩 0.8% 或 1.1%。其中，全球供应链中断、大宗商品价格急剧下跌、财政收入大幅下滑以及非洲各国相关防疫措施是造成经济萎缩的主要原因。非盟表示，新冠肺炎疫情将导致非洲国家财政收入大幅减少，为抗击疫情，非洲将需要额外增加 1300 亿美元公共支出。②

非洲开发银行（AfDB）在 2021 年 3 月发布的《非洲经济展望》中指出，

① ECA. Economic Report on Africa 2020 [R]. 2020.

② Ighobor K. AU Study：Covid-19 Could Cost Africa $500 Billion，Damage Tourism and Aviation Sectors [EB/OL]. https：//www.un.org/africarenewal/magazine/au-study-Covid-19-could-cost-africa-500-billion-damage-tourism-and-aviation-sectors，2020-04-15.

非洲整体 GDP 在 2020 年出现 1.7% ~3.4% 的收缩，相比新冠肺炎疫情之前的经济增长预测（呈大幅正增长）下降 5.6 ~7.3 个百分点，财政赤字已经达到历史高位，占其 GDP 的 8.4%。在中短期内，债务负担可能会增加 10 ~15 个百分点。汇率波动加剧，通胀小幅上升，外部资金流入严重受阻。①

值得注意的是，对 2021 年及之后的非洲经济恢复增长，不少评级机构态度比较乐观。国际货币基金组织预计 2021 年全球经济增长 5.2%，非洲受经济活动复苏中全球工业生产指数、主要贸易伙伴的工业生产指数、采购经理人指数等全球商业信心指标的带动，估计会有约 3.4% 的经济增长。②非洲开发银行认为非洲经济 2021 年将增长 3.4%，其支撑力来自旅游业恢复、大宗商品价格反弹以及新冠肺炎疫情引起的限制措施回落。其中，依赖旅游业的经济体预计将从 2020 年的 11.5% 的下降调整到 2021 年的上升 6.2%；石油出口国的增长将从下降 1.5% 变为增长 3.1%；其他资源密集型经济体，从下降 4.7% 上升到增长 3.1%；非资源密集型国家，将从下降 0.9% 到增长 4.1%。③然而，从 2021 年年中的情况来看，非洲经济似乎并没有出现强有力的拉动因素，反而因为新冠病毒不断变异，特别是在南非产生的巨大影响，使得增长更加乏力。

2020 年，非洲的贫困线收入约为 78 亿美元，2021 年则降至了 45 亿美元，两年间可能会有多达 5900 万非洲人陷入极端贫困，从而使非洲的极端贫困人口总数达到 5.14 亿。④ 最近非洲经济研究联盟（AERC）在五个非洲国家的调研工作显示，为了遏制病毒传播，非洲国家所作出的政策反应，例如，封锁、关闭一些企业、限制旅行和行动等，导致了贫困水平上升，并几乎抵消了过去十年取得的减贫成果。最重要的是，由于经济放缓的负担不成比例地落在低收入者、小企业主和临时工身上，因此导致被调研非洲国家内部的

①②③　African Development Bank. African Economic Outlook 2021 [R]. 2021.

④　Paul M. COVID-19: Over 500 Million Africans May Fall below Extreme Poverty Line, Warns Report [EB/OL]. https://www.downtoearth.org.in/news/africa/Covid-19-over-500-million-africans-may-fall-below-extreme-poverty-line-warns-report-75772, 2021-05-04.

不平等也同时加剧。① 疫情暴发后，几乎所有的评级机构都对非洲的贫困问题持悲观态度，认为新冠肺炎疫情可能会摧毁非洲过去二十年在减贫方面来之不易的成果。非洲开发银行通过对时间长短和经济衰退程度进行要素整理，预测2020～2021两年间，非洲将有1/3的人口（即4.25亿）生活在贫困线以下（以购买力平价计算的日均收入不足1.9美元为标准），且由于新冠肺炎疫情会使情况进一步恶化，将导致2460万～3000万人失去工作。②

（二）新冠肺炎疫情造成的社会经济冲击

非洲，尤其是撒哈拉以南非洲，是最容易受到世界社会和经济事件波动影响的地区。许多国家的卫生设施较差，检测、发现和应对新冠肺炎病例的能力低下。尽管新冠肺炎疫情袭来时，非洲各国纷纷采取封城、宵禁、关闭边境、禁航等隔离措施，非洲孱弱的经济能力还是迅速受到了全球供应链中断、进出口贸易受阻、外部需求急剧下降、投资和侨汇等外部资金锐减等多重外部因素的消极影响。撒哈拉以南非洲基本上所有国家的社会经济都遭受了沉重打击，表现为劳动者身体健康受到极大威胁、宏观经济陷入衰退、政府财政压力陡升、金融稳定性动摇、粮食供需矛盾趋紧以及包容性经济增长更难实现等。对此，撒哈拉以南非洲国家政府对内采取积极的财政政策，对外努力寻求国际资金支持，以对冲新冠肺炎疫情对该地区经济与社会发展的不良影响，同时还积极寻求援助和减债，努力争取更宽松的发展环境。

在新冠肺炎疫情蔓延之前，各国的货币政策各不相同，随着疫情传播，非洲各国均较为趋同地部署了财政刺激计划，平均规模约为各国GDP的3%。不过，各国之间的差异仍然很大，毛里求斯约为其GDP的32%，南非为10%，而坦桑尼亚则不到1%。除此以外，政府融资需求激增，据非洲开发银行估计

---

① AERC. Impact of Covid-19 on Public Finance in Africa-Challenges and Opportunities［EB/OL］. https：//aercafrica.org/latest-news/impact-of-covid19-on-public-finance-in-africa-challenges-opportunities/，2021－07－30.

② African Development Bank. African Economic Outlook 2021［R］. 2021.

2020/21 财年融资总需求占 GDP 的百分比因国家而异，大多数国家超过 15% 的临界阈值，索马里、苏丹、毛里求斯和突尼斯的水平超过 30%。[①] 非洲各国中央银行还通过各种政策行动放宽了货币条件和银行的审慎限制，降低资本要求，下调货币利率。[②]

各国的财政措施则包括通过对卫生系统的投资、扩大社会保护计划和对私营部门的支持（如通过税收减免）提供超额预算支持等。一些国家还使用了线下措施，为处境艰难的企业提供担保。这些财政刺激方案在很大程度上对非洲政府的支出、预算平衡、借贷需求和债务水平产生了直接影响。尽管大约 1/4 的国家使用了税收减免和延期缴纳税款等收入措施，但它们大多使用了支出措施进行了干预，例如，对卫生的直接公共投资、对中小型企业（SME）的支持和现金转移等。非洲各区域组织也纷纷调整策略，宣布将延迟推进货币一体化进程，例如，西非经济和货币联盟宣布将推迟向巴塞尔协议Ⅲ规范过渡。目前，非洲联盟的新冠肺炎疫情疫苗采购工作组（AVATT）正与世界银行和非洲进出口银行等合作，集中采购疫苗并根据非盟成员国的人口规模进行分配。[③]

随着一系列财政刺激计划的出台，非洲各国政府又纷纷宣布了财政赤字翻倍的消息，2020 年财政赤字比 2019 年的 4.6% 增加近一倍，即占 GDP 的 8.4%。[④] 政府对企业的担保、股权注入和贷款等措施也可能使政府在中长期面临负债。

2020 年，非洲的通货膨胀率约为 7.15%，预计 2021 年将升至 7.85%（具体见图 1）。[⑤] 非洲物价面临上行压力，主要来自宽松的货币政策、汇率贬

① African Development Bank. African Economic Outlook 2021 [R]. 2021.

② World Bank. Global Economic Prospects [R]. 2020.

③ World Bank. The World Bank and the African Union's Covid-19 Africa Vaccine Acquisition Task Team (AVATT) Agree to Work Together to Deploy Vaccines for 400 Million Africans [EB/OL]. https://reliefweb.int/report/world/world-bank-and-african-union-s-Covid-19-africa-vaccine-acquisition-task-team-avatt, 2021-06-14.

④ World Bank. Global Economic Prospects [R]. 2020.

⑤ Faria J. Inflation Rate in African Regions 2020-2021 [EB/OL]. https://www.statista.com/statistics/1203735/inflation-rate-in-africa-by-region/, 2021-03-12.

值对价格的传导、农业产量低导致食品价格上涨以及供应链中断导致生产和分销成本增加。下行压力包括原油价格的下跌、由于感知到不确定性而增加的预防性储蓄以及在属于货币联盟的国家可靠地锚定通胀预期。对此，非洲进出口银行（Afreximbank）与联合国非洲经济委员会、非洲开发银行和让金融助力非洲伙伴关系（MFW4A）合作，于2021年4月15日发布了《非洲贸易融资调查报告》，报告指出非洲贸易总额为10770亿美元，其中银行业融资4170亿美元，占比约为40%，而这一数据的全球平均水平为80%。受新冠肺炎疫情影响，全球金融状况收紧引发非洲大量资本外流，仅2020年第一季度就超过了50亿美元。这些大规模的资本外流给非洲银行业带来了巨大压力，其中许多银行的外国净资产急剧下降。而这进一步加剧了流动性限制，削弱了银行为非洲贸易融资的能力。①

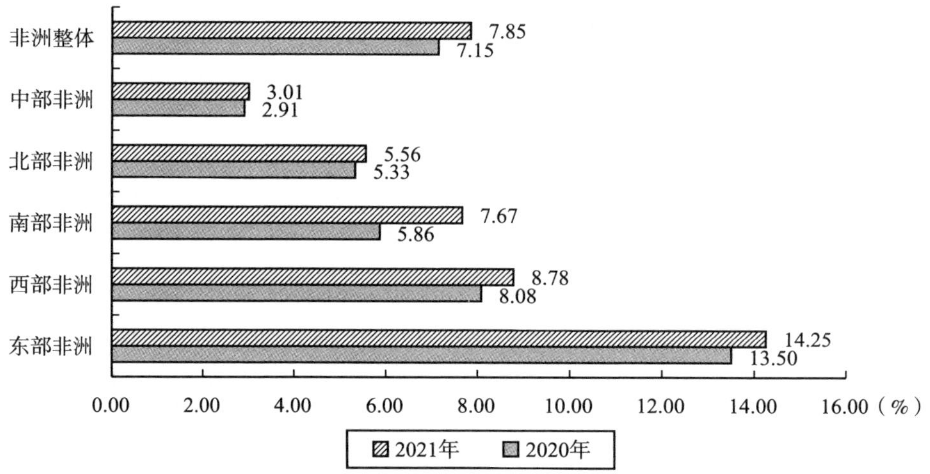

图1　非洲各区域通货膨胀率（2020～2021年）

资料来源：Faria J. Inflation Rate in African Regions 2020-2021［EB/OL］. https：//www. statista. com/statistics/1203735/inflation-rate-in-africa-by-region/，2021－03－12。

① ECA. New Report Highlights COVID-19 Impact on African Trade Finance［EB/OL］. https：//www. uneca. org/stories/new-report-highlights-Covid-19-impact-on-african-trade-finance，2021－04－19.

二、非洲不同区域国别的应对举措

作为全球经济和社会发展相对落后的地区，新冠肺炎疫情下非洲面临经济冲击和社会动荡的形势更为严峻，不同区域所受的影响也有所差异（见表1）。如果仅从数据来看，2020年东部非洲受到的影响最小，但由于坦桑尼亚拒绝公布疫情档案，因此其数据只有参考价值。南部非洲因南非一国案例占据了疫情的1/5，且变异病毒多，受到的影响最为显著。另外的几个区域因为经济结构比较趋同，受国际和疫情的影响状况也较为接近。

表1　新冠肺炎疫情影响下的非洲区域GDP增长率　单位：%

地区	2019年	2020年（估算）	2021年（预计）	2022年（预计）
中部非洲	2.9	-2.7	3.2	4.0
东部非洲	5.3	0.7	3.0	5.6
北部非洲	4.0	-1.1	4.0	6.0
南部非洲	0.3	-7.0	3.2	2.4
西部非洲	3.6	-1.5	2.8	3.9
非洲整体	3.3	-2.1	3.4	4.6

资料来源：2021年《非洲经济展望》。

从具体的区域国别来看，全球石油价格的下跌对许多经济严重依赖石油的北部非洲国家造成了打击，对此，不同的国家政策有别。不过，除了埃及的经济刺激计划旨在为该国提供3～5年的长期缓冲外，其他北部非洲国家的大部分刺激计划更加注重短期目标，意在补贴工资和医疗支出。以能源领域为例，能源干预措施包括：政府提供免费电力（毛里塔尼亚）和降低电价（埃及）；维持石油行业的工资和社会支出的承诺（阿尔及利亚）等。① 其中，

① Peskett J. IATA ‘Not Satisfied’ by MENA Governments’ Response to Aviation Disaster—Covid-19 [EB/OL]. https://www.aviationbusinessme.com/Covid-19/21476-iata-not-satisfied-by-mena-governments-response-to-aviation-disaster, 2020-04-26.

埃及的工业用天然气和电力成本已从每百万英热单位（Btu）5.50 美元降至 4.50 美元，重工业的电力成本也从 1.10 埃及镑降至 0.10 埃及镑，这些降价措施预计至少将在 5 年内为经济提供缓冲，并使天然气更具备替代能源的竞争力。① 突尼斯没有针对公用事业部门的直接刺激计划，其应急计划包括 7.1 亿美元的财务计划，如推迟私营企业缴纳所得税和增值税的时间，防止失业人员的增多等。② 在毛里塔尼亚，政府宣布了一项用于支付医疗用品和针对穷人的 8000 万美元补贴计划，包括免除 174707 户家庭两个月电费以支持该国的弱势群体。③ 然而，在饱受战争蹂躏的石油资源丰富的利比亚，利比亚民族团结政府（GNA）宣布公务员减薪 20%，另外拨款 5 亿利比亚第纳尔用于其他社会救助计划。④ 不过，联合国人道主义事务协调署（UNOCHA）仍对资助利比亚的资金表示担忧，因为至少需要 1.15 亿美元才能帮助 345000 多个无法获得水和电的脆弱家庭渡过新冠肺炎疫情的艰难时段。⑤ 苏丹和南苏丹暂时没有直接的刺激计划。但已经可以看到由于新冠肺炎疫情的流行，中国石油天然气集团公司、印度石油和天然气公司（ONGC）和马来西亚国家石油公司等石油公司的生产出现了不确定性，南苏丹石油区块的许可证已无限期推迟。⑥

南部非洲各国推出各种措施来应对新冠肺炎疫情的影响，但受制于石油和自然资源价格的暴跌，该地区大多数国家并没有办法实施任何重大的

① OECD. The Covid-19 Crisis in Egypt [R/OL]. https://www.oecd.org/mena/competitiveness/The-Covid-19-Crisis-in-Egypt.pdf, 2020-04-20.

② IMF. Policy Responses to COVID-19 [EB/OL]. https://www.imf.org/en/Topics/imf-and-covid19/Policy-Responses-to-Covid-19#C, 2021-06-03.

③ UNICEF. Mauritania Coronavirus (Covid-19) Situation Report No. 3, Nouakchott, 2020 [R/OL]. https://reliefweb.int/sites/reliefweb.int/files/resources/UNICEF Mauritania Covid-19 Situation Report No. 3-4-9 April 2020.pdf, 2020-04-09.

④ IMF. Policy Responses to COVID-19 [EB/OL]. https://www.imf.org/en/Topics/imf-and-covid19/Policy-Responses-to-Covid-19#C, 2021-06-03.

⑤ UNOCHA. Libya: Hostilities Threaten Covid-19 Response [EB/OL]. https://www.unocha.org/story/libya-hostilities-threaten-Covid-19-response, 2020-04-13.

⑥ Boffu H. South Sudan Oil & Gas Licensing Round Affected by Covid-19 [EB/OL]. http://tanzania-petroleum.com/2020/05/13/south-sudan-oil-gas-licensing-round-affected-by-Covid-19/, 2020-05-13.

能源改革。[①] 天然气价格下跌对莫桑比克这样以天然气为经济拉动力的国家造成了威胁；铜价下跌则威胁到赞比亚经济；在安哥拉，一些油田的钻探计划至少推迟到2021年；博茨瓦纳的钻石销售和旅游业受到严重挑战。[②] 很显然，疫情彻底暴露了非洲单一制经济结构的弊端。为此，不同国家也做出了相应的努力。津巴布韦政府宣布2020年4月~2021年4月为国家危机时段，并发出了22亿美元的国内外经济复苏和刺激计划；与此同时，津巴布韦输配电公司（ZETDC）和津巴布韦能源监管局（ZERA）将电费从每度38.61美分提高到162.16美分。[③] 作为地区大国，确诊病例数最多的南非采取了一些经济措施来提振经济，包括为失业工人提供300亿兰特的失业保险基金、为小企业利率降低100个基点、增加1/4左右的电量供应。[④] 得益于2020年底南非消费的强劲反弹和下半年收入的改善，其债务与GDP的比率低于预期，各大评级组织都比较看好南非在2021年和2022年的经济表现，并预计GDP增长将达3.3%和2.2%左右，2024~2025年就可出现基本盈余。[⑤]

几乎所有西部非洲国家都针对新冠肺炎疫情的发展态势制定了与能源相关的措施，包括在实施全面和部分封锁之后，实行电费豁免、暂停支付账单等财政利好措施。在布基纳法索，政府只收取一半的电费，并取消了该国主要公用事业公司对发票的罚款。科特迪瓦政府推迟了支付电费和水费的截止

① SARDC. SADC Energy Sector Braces for Covid-19 Impact [EB/OL]. https://www.sardc.net/en/southern-african-news-features/sadc-energy-sector-braces-for-Covid-19-impact/, 2020-05-12.

② Reuters. Angola's Oil Exploration Evaporates as Covid-19 Overshadows Historic Reforms [EB/OL]. https://www.oilandgas360.com/angolas-oil-exploration-evaporates-as-Covid-19-overshadows-historic-reforms/, 2020-05-22.

③ Akrofia M M, Antwib S H. COVID-19 Energy Sector Responses in Africa: A Review of Preliminary Government Interventions. Energy Research Social Science, 2020 (68): 101681.

④ Herman T, Maarek E, Wilde N, Adao F, Abousaada S. Covid-19: Initial Responses of Certain African Countries [EB/OL]. https://www.herbertsmithfreehills.com/latest-thinking/Covid-19-initial-responses-of-certain-african-countries-africa, 2020-05-22.

⑤ National Treasury. RSA Budget 2021 [R/OL]. http://www.treasury.gov.za/documents/national%20budget/2021/review/FullBR.pdf, 2021-02-24.

日期，并将贫困群体支付此类账单的时间再往后推迟了 3 个月。[①] 在加纳，基础用电量消费者（每月消耗电量在 0 ~ 50 千瓦时的人）的电力成本完全由政府承担，所有其他消费者的账单则只需自担 50%。[②] 除贝宁和几内亚比绍外，所有的西部非洲国家都采取了一些广泛的财政措施来保护中小企业。例如，佛得角政府为所有行业中的大型企业提供高达 50% 的贷款担保（金额约为 900 万欧元），为中小型企业提供 100% 的贷款担保（约 270 万欧元）；科特迪瓦政府用其 GDP 的 0.3% 建立了一个用于支持企业的基金；马里还实施了经济刺激计划，以缓解对包括所有中小企业在内的处境不利公司的流动性限制。[③] 塞拉利昂和塞内加尔采取了广泛的财政措施来保护经济，尼日利亚还起草了一项紧急经济刺激法案。[④] 值得注意的是，这些干预措施的覆盖面很广，不过总的来说，大部分为短期干预措施，是为了减轻封锁给各国带来的直接负担的应对措施。

由于一直致力于减少对初级商品的依赖，东部非洲在疫情暴发前似乎是最具备增长潜质的地区，但疫情袭来后，2020 年东部非洲 GDP 增长率从先前预测的 5.1% 骤降至 0.7%。封锁措施使得东部非洲各国对外贸易的水平下降，其支柱产业旅游市场和服务业中断。此外，由于东部非洲区域的通胀压力加大，预计到 2021 年东部非洲地区的通胀可能达到 16% 左右，这可能进一步造成大比例的、依赖非官方就业的人口面临失业，预计人数可达 3800

① KPMG. Ivory Coast-Government and Institution Measures in Response to COVID-19 [EB/OL]. https://home.kpmg/xx/en/home/insights/2020/04/ivory-coast-government-and-institution-measures-in-response-to-covid.html, 2020-04-15.

② The Presidency of the Republic of Ghana. President Akufo-Addo on Updates to Ghana's Enhanced Response to Covid-19 [EB/OL]. http://presidency.gov.gh/index.php/briefing-room/speeches/1560-president-akufo-addo-speaks-on-updates-to-ghana-s-enhanced-response-to-Covid-19, 2020-04-09.

③ IMF. Policy Responses to COVID-19 [EB/OL]. https://www.imf.org/en/Topics/imf-and-covid19/Policy-Responses-to-Covid-19#C, 2021-06-03.

④ Theron A. Covid-19 Emergency Support Package to Electrify Health Centres in Nigeria [EB/OL]. https://www.esi-africa.com/industry-sectors/renewable-energy/Covid-19-emergency-support-package-to-electrify-health-centres-in-africa/, 2020-04-30.

万。[①] 与南部非洲地区相比，整个东部非洲地区对能源部门的干预数量相对较少。总体上呈现以下措施：补贴或减少电费（乌干达、塞舌尔和毛里求斯）、向可再生能源公司提供救济资金（肯尼亚），为石油工业提供支持计划（布隆迪）等。[②] 毛里求斯、乌干达、肯尼亚和塞舌尔对能源部门有一些明确的激励措施。在毛里求斯，政府为大约 65000 户弱势家庭减免了 20% 的电费，并为耗电量不超过 125 千瓦的小企业减免了 10% 的电费。[③] 乌干达自 2020 年 3 月 31 日起，允许面临经济困难的乌干达企业延长其国家社会保障基金（NSSF）供款期限 3 个月，并宣布一揽子刺激计划旨在支持水电等公用事业在新冠疫情期间的平稳发展。[④] 布隆迪政府拨出约 630 万美元（占 GDP 的 0.2%）以支持其战略石油储备。[⑤] 塞舌尔政府计划将公共部门的电价维持在同一水平，甚至将家庭电费降低 25 美分，将利益与非公有部门分享。[⑥] 肯尼亚政府拨款约 400 亿肯尼亚先令，用于健康和社会保障项目，并借助瑞典政府非洲企业挑战基金（AECF）援助的 200 万美元，支持农村和地区的离网社区供电的能源公司。[⑦] 除了这四个国家外，其他国家都有较为广泛的财政和经济刺激计划，但并不特别关注能源。例如，在卢旺达，政府准备通过商

---

① Faria J. Coronavirus（COVID-19）in East Africa-Statistics & Facts [EB/OL]. https://www.statista.com/topics/7250/coronavirus-Covid-19-in-east-africa/, 2021-03-04.

② Akrofia M M, Antwib S H. COVID-19 Energy Sector Responses in Africa: A Review of Preliminary Government Interventions [J]. Energy Research Social Science, 2020 (68): 101681.

③ Herman T, Maarek E, Wilde N, Adao F, Abousaada S. Covid-19: Initial Responses of Certain African Countries [EB/OL]. https://www.herbertsmithfreehills.com/latest-thinking/Covid-19-initial-responses-of-certain-african-countries-africa, 2020-05-22.

④ KPMG. Ivory Coast-Government and Institution Measures in Response to COVID-19 [EB/OL]. https://home.kpmg/xx/en/home/insights/2020/04/ivory-coast-government-and-institution-measures-in-response-to-covid.html, 2020-04-15.

⑤ IMF. Policy Responses to COVID-19 [EB/OL]. https://www.imf.org/en/Topics/imf-and-covid19/Policy-Responses-to-Covid-19#C, 2021-06-03.

⑥ UNDP. Mapping of Fiscal and Social Protection Policy Responses to Covid-19-Mauritius and Seychelles [R/OL]. https://www1.undp.org/content/dam/rba/docs/Covid-19-CO-Response/Government_COVID_Responses_Mauritius_Seychelles_29March2020RB-2.pdf, 2020-03-29.

⑦ AECF. REACT Kenya Relief Fund [EB/OL]. https://www.aecfafrica.org/index.php/Covid-19, 2020-05-20.

业银行补贴贷款和信用担保等方式为受影响企业设立支持基金；在坦桑尼亚，政府加快支付经核实的欠款，优先支付约 3.76 亿美元给受影响中小企业；[①] 索马里央行正通过商业银行发放 290 万美元的初始资金支持中小企业；马拉维在 2020 年 5 ~11 月实施约 5000 万美元（占 GDP 的 0.6%）的紧急现金转移计划，以支持主要城市及地区的小企业。

与非洲其他地区基本一致，中部非洲地区的 8 个国家应对疫情的措施也以短期干预为特点，中长期措施中广泛的财政/金融措施关注较少，具体的激励措施包括补贴/减免电费（赤道几内亚）和由政府［刚果（金）、乍得和加蓬］承担电费的全部成本，减免营业税和增值税豁免等。[②]

三、不同行业的影响和发展

（一）卫生、教育和旅游等公共领域

薄弱的卫生系统、传染病的不时发生（如艾滋病、结核病、疟疾）和人民的长期营养不良威胁着非洲的社会健康，再加之不稳定的政局，非洲大陆部分地区更加容易受到疫情的影响。非洲占全球人口的 16%，但 2015 年全球近 9.7 万亿美元的卫生支出中，非洲所占比例不到 2%。许多非洲国家缺乏医生和病床：目前平均每千人享有 0.2 位医生、医院病床平均每千人只有 1.8 张，其中有 23 个非洲国家千人中只有 2 张病床，一旦有传染病和呼吸系统疾病，每千人就会有 3 ~8 人死亡。[③] 大约 6 亿非洲人（占人口的 43.6%）生活在城市地区（其中又约一半生活在“贫民窟”），许多非洲城市家庭只有 1 间房子（在乌干达坎帕拉，这个比例达到了 71%），或居住在拥挤不堪的

①② IMF. Policy Responses to COVID-19 [EB/OL]. https://www.imf.org/en/Topics/imf-and-covid19/Policy-Responses-to-Covid-19#C, 2021 -06 -03.

③ UNESCO. Education: From Disruption to Recovery [EB/OL]. https://en.unesco.org/covid19/educationresponse, 2021 -06 -21.

街区（在南非约翰内斯堡，人口密度为每平方公里9000人），很多地方的饮用水未经处理（尼日利亚拉各斯只有20%的水经过处理），其中，只有34%的非洲人口能够使用到洗手设施。①

非洲国家除了病例增长快，病死率高于世界平均水平2.2%的非洲国家数量正在增加，且正在经历由更具传染性和更致命的变异病毒所引发的一波更严重的疫情。世界卫生组织的数据显示，2021年6月14～20日当周，非洲新感染病例增加39%。② 至少14个非洲国家，包括刚果（布）、莫桑比克、纳米比亚、乌干达、南非和津巴布韦，已经发现了德尔塔变异病毒。这意味着新冠肺炎疫情将对最贫困和最脆弱的人造成严重的打击。除面临医疗设施无法应付新一波的新冠肺炎疫情以外，非洲农村地区居民还面临难以接种疫苗这一难题。

受新冠肺炎疫情影响，各级学校不定期关闭，加上广泛存在的经济困难问题，非洲教育领域的不平等问题将有可能被扩大。在撒哈拉以南非洲，近90%的学生无法使用家用电脑，82%的学生无法上网。学校关闭意味着3.3亿多名各级学习者和850多万教师无法在校学习和教学。③虽然部分学习者可以使用移动网络和互联网，但约有5600万人生活在无网络覆盖的地区，尤其是女孩和妇女可以接触到的网络则更少。④ 即使有可使用的计算机，仍有不稳定的电力和互联网连接问题，加上使用成本，通过互联网让非洲教育增速的良好愿望目前仍止步于最基础的硬件前提。

非洲曾是世界上旅游业增长第二快的区域。2017～2018年，非洲旅游业增长了5.6%，仅落后于亚洲和太平洋地区，是带动非洲经济向好的超级引擎。2018年，旅游业占非洲GDP的8.5%，形成有效就业2400万人。新冠

---

①③ UNESCO. Education: From Disruption to Recovery [EB/OL]. https://en.unesco.org/covid19/educationresponse, 2021-06-21.

② Galal S. Coronavirus Cases in Africa [EB/OL]. https://www.statista.com/statistics/1170463/coronavirus-cases-in-africa/, 2021-06-21.

④ UN. Startling Disparities in Digital Learning Emerge as COVID-19 Spreads: UN Education Agency [EB/OL]. https://news.un.org/en/story/2020/04/1062232, 2020-04-21.

肺炎疫情后，国际旅游业几近停滞，非洲旅游业也概莫能外。2020 年 4 ~ 6 月，非洲的国际游客人数比 2019 年同期下降 98%。[①] 世界银行的一项研究数据显示，现在游客对安全预防措施的重视远高于价格，这对他们旅游目的地的选择产生了显著影响。当被问及是否将各国在应对大流行方面的积极性作为目的地选择的一部分，以及是否会注意避开人群时，72% ~73% 的受访者给出了肯定的答复。热门旅游网站 TripAdvisor 上的流量和搜索趋势显示，与以前的习惯相比，消费者对海滩、露营地和国家公园等自然区域的兴趣明显上升。[②] 对此，埃及等传统以旅游业为支柱产业国家也针对性地提出刺激计划（如埃及宣布对旅游业注资 61.3 亿美元），以减轻新冠肺炎疫情对旅游业的消极影响。但从目前受疫情感染的地区分布来看，受疫情影响最大的国家仍然是以旅游业为支柱产业的国家，尤其是埃及、南非和摩洛哥，这为未来非洲旅游业的重新崛起带来了新的挑战。

（二）农业

农业是非洲最大的经济部门，为非洲大陆约 2/3 的工作人口提供就业机会，为每个国家平均贡献 GDP 的 30% ~60%，约为出口价值的 30%。[③] 在农业生产环节，非洲大国的权重明显：仅埃及和尼日利亚就占农业总产值的 1/3，排名前十的国家占 75%。新冠肺炎疫情以来，从事农业的家庭比例不断增加。例如，在新冠肺炎疫情暴发之前，76% 的尼日利亚家庭从事农业（农作物种植或畜牧业），但自疫情暴发以来，这一比例已增加到 84%。同样，在马拉维和乌干达，现有 91% 和 79% 的家庭从事农业，而疫情暴发前的水平分别为 84% 和 76%。有证据表明，农业部门正在充当该地区低收入家庭的缓冲，类

---

①② African Tourism in a Post Covid-19 World: Changing Gears and Shifting the Focus [EB/OL]. https://www.adams.africa/insights/january-2021/? utm_source = Mondaq&utm_medium = syndication&utm_campaign = LinkedIn-integration, 2021 -01 -30.

③ Agriculture in Africa [EB/OL]. https://www.britannica.com/place/Africa/Agriculture, 2021 -07 -29.

似于其在 2008 年全球经济危机期间发挥的作用。①

值得注意的是，非洲的农业生态潜力远远大于其目前的产量，其粮食需求更是如此。虽然非洲大陆耕地面积超世界 1/4，但它的农业产量只占全球的 10%，超 2.5 亿非洲人正面临严重粮食安全问题。由于新冠肺炎疫情带来的劳动力供应不足，大多数撒哈拉以南国家在玉米和水稻的种植月份实施了边境关闭政策，延长了收获期的时间，这些都对粮食安全产生了重大影响。②

在新冠肺炎疫情暴发之前，非洲农业发展喜人。由于非洲农业大多是雨养农业，在多年干旱之后，包括南部非洲、东非和西非大部分地区在内的许多主要种植区降水量很大。2019 年末，非洲多国农业均获得丰收，预估南部非洲 2020 年的玉米产量达到比前几年高出 30% 以上。③在东非和西非，主要的种植季节基本上都在新冠肺炎疫情加重之前就已经开始，农业投入品（如种子等）已经分发。但各国最初由于新冠肺炎疫情进行的流动限制（完全和部分封锁）与该地区大多数主要作物的种植期相吻合，在一定程度上加剧了非洲粮食危机。除此以外，非洲农业还因为新冠疫情面临着众多挑战，包括食品供应链中断、失业，所有这些都增加了现在和未来粮食不安全的风险。在非洲东部，小农的粮食安全和生计、洪水灾害和沙漠蝗虫、秋季黏虫等既有的危机，为东非的农业生产恢复带来了更多不可控的风险。④

---

① Agriculture as a Buffer in COVID-19 Crisis: Evidence from Five Sub-Saharan African Countries [EB/OL]. https: //blogs. worldbank. org/opendata/agriculture-buffer-Covid-19-crisis-evidence-five-sub-saharan-african-countries, 2021-02-02.

②③ Willy D K, Yacouba D, Hippolyte A, Francis N, Michael W, Tesfamicheal W. Covid-19 Pandemic in Africa: Impacts on Agriculture and Emerging Policy Responses for Adaptation and Resilience Building [EB/OL]. https: //www. aatf-africa. org/wp-content/uploads/2020/06/TAAT-Policy-Working-Paper-on-COVID19_FINAL-for-Dissemination_May-2020. pdf, 2020-05-30.

④ FAO. Impact of Covid-19 on Agriculture, Food Systems and Rural Livelihoods in Eastern Africa [EB/OL]. https: //reliefweb. int/report/burundi/impact-covid-19-agriculture-food-systems-and-rural-livelihoods-eastern-africa-policy, 2020-09-19.

虽然关闭边境是疫情下保护公民的重要措施，但几乎所有撒哈拉以南非洲国家都是主要的粮食进口国，边境关闭导致了这些国家基本食品供应短缺，可用食品的价格大幅上涨。此外，边境关闭也限制了农业相关商品和服务的供应，导致基本农业投入品，如供应种子和农用化学品、农药和化肥等价格的上升。与此同时，一直持续的四大挑战（即可靠的融资渠道，高质量的种子、肥料和水）还在阻碍着非洲农业产量的较快增长，更遑论强大的农业市场、稳定的农产品价值链、农业培训等。

（三）能矿和交通运输业

新冠肺炎疫情的传播对能矿开采的影响巨大。在安哥拉，占该国钻石总产量75%的主要钻石矿商卡托卡矿业公司（Sociedade Mineira de Catoca）暂停了所有新特许经营权的运营，并解雇了部分劳动力。卢卡帕（Lucapa）钻石公司于2020年4月1日~24日停止运营，此后根据政府的法令部分恢复了50%的员工运营。在博茨瓦纳，最大的钻石生产商戴比尔斯的产量在2020年第一季度下降了7%，只有560万克拉的开采量。由于欧洲大公司的相继减产，预计2020年这些主要钻石生产国的总产量将减少260万克拉。[①]

非洲占全球铂金产量的70%以上，受新冠肺炎疫情影响，从2020年3月26日起南非暂停所有采矿作业，并实行为期21天的全面封锁。其他国家，包括安哥拉、博茨瓦纳、布基纳法索、刚果（金）、加纳、莱索托、利比里亚、纳米比亚和津巴布韦，也陆续实施了不同范围的封锁，这些封锁措施很快就对全球铂金和钻石生产造成了联动性的消极影响（见表2）。

① GlobalData. Impact of Covid-19 on African Mine Production [EB/OL]. https://www.mining-technology.com/comment/Covid-19-african-mine/, 2020-05-11.

表 2　　2020 年封禁期限对主要矿业国家的影响

国家	封禁天数（天）	封禁开始日	对矿业的影响	备注
安哥拉	44	3 月 27 日	停止采矿	卡托卡矿业公司、卢卡帕钻石公司等主要企业暂停采矿
博茨瓦纳	36	4 月 2 日	停止采矿	戴比尔斯公司 4 月 2 日期暂停采矿。全国在 5 月 8 日 ~ 20 日期间分阶段解除封禁
布基纳法索	31	3 月 25 日	对运营有局部影响，一些矿工在整个封锁期间继续采矿	4 月 20 日取消限制
刚果（金）	36	3 月 26 日	上加丹加省停止采矿 2 天	
加纳	21	3 月 29 日	采矿不受影响	4 月 20 日解禁
莱索托	37	3 月 29 日	采矿暂停 29 天	4 月 27 日复工
利比里亚	60	4 月 9 日	采矿暂停	
纳米比亚	20 天全封，18 天局部	3 月 27 日	采矿暂停 38 天	
南非	21 天全封，30 天局部	3 月 26 日	全面停工 21 天	4 月 16 日起可恢复采矿，下个月产能恢复到 50%。煤矿不停产
津巴布韦	23 天全封，14 天局部	3 月 20 日	全面停工 23 天	煤矿不停产

资料来源：GlobalData。

与此同时，受新冠肺炎疫情影响，多个非洲能矿业国家的矿产产量也有不同程度的减产（具体见表 3）。

表 3　　2020 年主要国家矿产产量变化　　单位：%

国家	铁矿	煤	铜	钻石	黄金	铂
安哥拉				-7		
博茨瓦纳				-9		
刚果（金）			-2	-6	-3	
加纳					-2	
几内亚					-2	
马里					-1	
南非	-5	-2		-6	-5	-17

资料来源：GlobalData。

除了在上述供给方面的限制外，在需求方面的限制措施导致居家民众用电需求增加。就受影响人数而言，尼日利亚、埃塞俄比亚、肯尼亚、坦桑尼亚和科特迪瓦受到的影响最为严重，占全非洲无法负担基本电力服务的人口的 70%，这可能会对这些国家以前取得的成就以及未来投资所预期的收入产生巨大的负面影响。在调查的 8 个非洲国家中，有 16% 的用户报告其电网的使用量“远超正常”，而 18% 的用户报告“略高于正常”的使用量。撒哈拉以南非洲国家中超 1600 万人可能会无力支付基本电力服务，其中，涉及埃塞俄比亚、尼日利亚、刚果（金）和尼日尔等国 5% ~10% 的联网人口。①

另外，由于借贷成本急剧增加，非洲政府扩大能源获取的能力进一步受到限制，尤其在刚果（金）、尼日利亚、埃塞俄比亚、坦桑尼亚和乌干达等国家。2019 年，这些国家无法用电人口总和占全球总量的 1/3，2020 年上半年，借款利息较 2019 年底上升 2 个百分点，达到 7%。② 对于那些最需要扩大能源获取的国家，融资成本不断上升。摩洛哥政府增加了超出 2020 年预算

① GOGLA. Consumer Insights during Covid-19 Consum [EB/OL]. https://app. 60decibels. com/Covid-19#explore, 2021-07-29.

② Herman T, Maarek E, Wilde N, Adao F, Abousaada S. Covid-19: Initial Responses of Certain African Countries [EB/OL]. https://www. herbertsmithfreehills. com/latest-thinking/Covid-19-initial-responses-of-certain-african-countries-africa, 2020-05-22.

的外部借款，并与国际货币基金组织达成协议在5年内偿还30亿美元的预防性和流动性额度（LPL）的财政干预措施，以支持既有的经济体系。① 在无电人口最多的刚果（金），主权风险升至9%以上。在尼日利亚和埃塞俄比亚，分别有7500万和6000万人无法用电，风险率上升至6.5%。除此之外其他风险例如不断恶化的汇率，可能会令国际投资者望而却步，从而进一步恶化融资渠道。除非采取行动，否则将导致撒哈拉以南非洲新的年度电力连接放缓。②

新冠肺炎疫情还阻碍了新能源转型。2020年，分布式太阳能产品的销售额下降了10%左右（肯尼亚和卢旺达保持相对稳定，但埃塞俄比亚、尼日利亚和乌干达下降趋势明显），有超过80%的私有能源公司表示，在通过裁员将员工减少30%后，如果没有进一步的财务支持，它们在2021年将难以生存。③

新冠肺炎疫情对与能矿业相关的运输部门（主要的能源消耗部门之一）影响更为巨大。由于机场关闭、商业客运航班停飞、疫情“熔断机制”等，非洲航空需求量严重下降。尽管航空旅行的减少提升了环境效益，例如，减少了二氧化碳排放量，但对非洲经济体的经济影响巨大。根据国际航空旅行协会（IATA）的数据，非洲在2020年的空中交通量减少了51%，航空公司损失约60亿美元的客运收入，航空及其相关行业可能会减少310万个工作岗位。④影响最严重的国家包括埃塞俄比亚、尼日利亚、南非、加纳、坦桑尼亚、肯尼亚、毛里求斯、莫桑比克、塞内加尔和佛得角。

---

① Herman T，Maarek E，Wilde N，Adao F，Abousaada S. Covid-19：Initial Responses of Certain African Countries［EB/OL］. https：//www. herbertsmithfreehills. com/latest-thinking/Covid-19-initial-responses-of-certain-african-countries-africa，2020－05－22.

② IEA. The Covid-19 Crisis is Reversing Progress on Energy Access in Africa［EB/OL］. https：//www. iea. org/articles/the-Covid-19-crisis-is-reversing-progress-on-energy-access-in-africa，2020－11－20.

③ Colombo E. Africa's Energy Tales in a Post-COVID-19 World［EB/OL］. https：//www. esi-africa. com/industry-sectors/business-and-markets/africas-energy-tales-in-a-post-Covid-19-world/，2021－05－27.

④ IATA. Aviation Relief for African Airlines Critical as Covid-19 Impacts Deepen［EB/OL］. https：//www. iata. org/en/pressroom/pr/2020－04－23－02/，2020－04－23.

四、"后"新冠肺炎疫情时代的非洲行业经济发展

新冠肺炎疫情在非洲的迅速蔓延破坏了近年来非洲的发展增速。根据非洲开发银行的数据显示，由于新冠肺炎疫情大流行，2020 年非洲的 GDP 增长率可能低至 -2.7%，这是非洲自 20 世纪 90 年代以来发生过的最糟糕的情况。其中，财政赤字、债务增加和汇款等指标估计将下降 20%。[①] 非洲整体 GDP 增长放缓意味着税收的减少、宏观经济的不稳定和债务负担加重。鉴于在新冠肺炎疫情之前非洲宏观经济稳定性已经减弱，且贸易限制、区域封锁等经济活动已经造成不良影响，疫情之后非洲财政的可持续性将进一步降低。

非洲新冠肺炎疫情的流行和发展对不同的行业都带来了消极影响，其中暴露的是非洲结构性缺陷，例如卫生、教育和技术基础设施不足、社会保护有限、性别不平等、非正规经济规模大、缺乏基本服务、财政政策受限和债务困境等。对非洲各经济体的需求和供给冲击，在需求侧主要包括贸易和外部需求收缩、石油和非石油商品价格和需求波动，以及对税收和政府的支出产生影响；在供给侧则主要体现在劳动力供应上，由于封锁和限制交易，在制造业和服务业等多个领域，劳动力供应急剧减少。

健康危机迫使各国政府将工作重点转向各种经济紧急措施，原有的用于扩大和改善基础设施和社会公共服务的资金严重不足。据测算，新冠肺炎疫情导致非洲各国的公共融资需求激增，仅 2020 年就需要 1250 亿 ~ 1540 亿美元的额外总融资以应对危机。[②] 然而，非洲得到的融资还远远不够，而债务危机似乎又成为非洲未来发展的负担。

非洲债务可持续性的前景受到新出现的风险和经济脆弱性的挑战。国际

---

① Paul M. COVID-19: Over 500 Million Africans May Fall Below Extreme Poverty Line, Warns Report [EB/OL]. https://www.downtoearth.org.in/news/africa/covid-19-over-500-million-africans-may-fall-below-extreme-poverty-line-warns-report-75772, 2021-03-04.

② Beck T, Maimbo S M, Faye I, Triki T. Financing Africa: Through the Crisis and Beyond [R]. World Bank, 2011.

货币基金组织在2021年3月发布的债务可持续评估（Debt Sustainability Analysis）报告显示，截至2021年3月，非洲6个国家处于债务困境，另外16个国家面临债务困境的高风险。利息支出占收入的份额快速增长、债务期限缩短导致的展期风险、实际利率和增长差异缩小、债务抵押之间的透明度等，则是各国出现的新风险。非洲各国显然已经意识到这些问题，2021年5月，在法国举办的“非洲经济融资”峰会上，非洲各国元首纷纷提出要发挥私营部门的作用，并加强在基础设施方面的国际融资。[①]

鉴于非洲国家对发达国家援助的巨大依赖，展望未来，加强债务融资与增长回报之间的联系，将在确保非洲大陆的债务可持续性方面发挥重要作用。债务融资投资效率的提高将确保债务用于资助最具生产力的项目，如果这些项目在未来能产生足够的增长和互补性，则有利于非洲偿还债务。此外，全球低利率为利用廉价资本进行高回报公共投资提供了机会，似乎也有利于加速非洲大陆的经济增长。

最后，从积极的角度来看，全球能源格局正在发生重大转变，可再生能源在帮助各国发展现代、可持续和安全的能源系统方面发挥着越来越重要的作用。由于成本降低，可再生能源、技术进步和更大的弹性，非洲在清洁能源领域有较大的发展潜力，[②] 似乎可以让非洲实现未来发展的“弯道超车”。另外，非洲大陆有望利用非洲大陆自由贸易协定，通过减少对外部合作伙伴的依赖来减轻新冠肺炎疫情带来的负面影响，特别是在药品和基础食品方面，从而获得基础免疫。[③] 然而，非洲如何摆脱现有的经济结构问题，真正从疫情中走出，是实现各种可持续发展目标的前提条件。

---

① World Bank. The World Bank and the African Union's Covid-19 Africa Vaccine Acquisition Task Team (AVATT) Agree to Work Together to Deploy Vaccines for 400 Million Africans [EB/OL]. https://reliefweb.int/report/world/world-bank-and-african-union-s-Covid-19-africa-vaccine-acquisition-task-team-avatt, 2021-06-14.

② Africa Oil Power. The Impact of Covid-19 on Africa's Energy Transition [EB/OL]. https://www.africaoilandpower.com/2020/05/11/the-impact-of-Covid-19-on-africas-energy-transition/, 2021-07-29.

③ 商务部西亚非洲司．非经委称非洲大陆自贸协定可帮助非洲恢复经济［EB/OL］. http://xyf.mofcom.gov.cn/article/zb/202005/20200502967335.shtml, 2020-05-21.

非洲大陆自由贸易区：特点、影响及发展趋势*

孙志娜**

摘　要：非洲国家通过在整个大陆建立自由贸易区，消减区域内的关税和非关税壁垒、实施贸易便利化措施，并积极探索在服务、投资、竞争、知识产权和电子商务等方面开展深度合作，目的是降低贸易成本，发挥各国的比较优势，促进资源的优化配置。非洲大陆自由贸易区的建立对于非洲区域经济一体化具有里程碑意义，它为非洲在大陆层面建立一个关税同盟（2019 年）、共同市场（2023 年），以及经济和货币同盟（2028 年）铺平了道路。但是，由于它涉及的国家数量众多，且这些国家在政治、经济和文化等方面存在巨大差异，其在执行过程中不可避免地面临诸多困难。

关键词：非洲；自由贸易区；发展趋势；合作对策

---

* 本文系国家社会科学基金一般项目“全球价值链视角下中非建立深度自由贸易区的动力机制与模式选择”（19BJY190）的阶段研究成果。

** 作者简介：孙志娜，博士，浙江师范大学经济与管理学院、中非国际商学院讲师。

在当前以美国和英国为首的发达国家掀起逆经济全球化浪潮的大背景下，非洲国家之间的贸易合作正在逆势发展。继2015年6月10日由非洲26国组成的东共体（EAC）－南共体（SADC）－东南非共同体市场（COMESA）三合一自由贸易区建立之后，2018年3月21日非洲44个国家在卢旺达首都基加利举行的非洲联盟（非盟）首脑特别会议上签署了成立非洲大陆自由贸易区协议。之后，陆续有国家签署或批准了此协议。截至2020年底，非洲联盟55个成员国中54个国家签署了协议，其中36个国家已经向非洲联盟提交了协议的批准书，占签约国总数的比例达到2/3。[①] 2021年1月1日，非洲大陆自由贸易区协议正式启动，这意味着非洲大陆自由贸易区作为“非洲联盟2063议程”的旗舰项目之一即将实施，同时也标志着非洲在经济一体化的进程上又迈出了新的一步，具有里程碑的意义。作为非洲的第一大贸易伙伴，中国在对非洲开展经贸合作时需要及时洞察非洲大陆自由贸易区呈现的特点及影响，并采取相应的对策推动中非继续保持良好的贸易合作。

一、非洲大陆自由贸易区发展的特点

（一）非洲大陆层面建立非洲经济共同体的必要环节

非洲联盟一直致力于推进非洲大陆的经济一体化，由其前身非洲统一组织制定并在1994年生效的《关于建立非洲经济共同体条约》（又称《阿布贾条约》）为非洲的经济一体化正式制定了具体的路线图，计划在34年内分6个阶段逐渐完成非洲经济共同体的建设。这六个阶段分别为：第一阶段（1994～1999年）加强已有的区域经济共同体，并在其他地区建立新的区域经济共同体；第二阶段（1999～2007年）协调和统一每个区域经济共同体的活动，并逐渐消除关税和非关税壁垒；第三阶段（2007～2017年）每个区域

① Trade for Development，New Trade Agreement Involves Country and Regional Economic Community Actions ［EB/OL］. https：//trade4devnews. enhancedif. org/en/op-ed/implementing-afcfta-2021，2021－03－16.

经济共同体建立自由贸易区和关税同盟；第四阶段（2017～2019年）建立大陆关税同盟；第五阶段（2019～2023年）建立大陆共同市场；第六阶段（2023～2028年）建立大陆经济和货币同盟。其中，第一阶段至第三阶段是非洲次区域层面的经济一体化规划，第四阶段至第六阶段是大陆层面的经济一体化规划。目前，在次区域层面，非洲联盟承认的8个区域经济共同体①在《阿布贾条约》框架下推进各地区的经济一体化，这些组织或已成立自由贸易区、关税同盟甚至共同市场。按照《阿布贾条约》的规划，非洲大陆自由贸易区的建立为在大陆层面构建一个关税同盟（2019年）、共同市场（2023年），以及经济和货币同盟及非洲经济共同体（2028年）铺平了道路。

（二）遵循了经济一体化的综合发展战略理论

非洲大陆自由贸易区以市场一体化、工业化和基础设施为三大支柱，这与以市场一体化为主要内容的传统经济一体化有所不同。非洲大陆自由贸易区的建立遵循了综合发展战略理论，该理论承认了发展中国家与传统经济一体化的研究对象（西欧国家）在经济水平上的差异，认为经济一体化是发展中国家的一种发展战略，它不限于市场的统一，也不必在一切情况下都寻求尽可能高的其他一体化形式。相反，生产和基础设施应该是经济一体化的基本领域，集团内的贸易自由只应该是这个进程的补充。市场一体化，即非洲大陆自由贸易区的建立侧重解决市场的准入限制，主要目标是在非洲大陆建立一个单一的商品和服务市场，促使商业人员和投资自由流动，它还将通过更好地协调不同国家和区域经济组织间的各种贸易自由化和便利化手段，扩大非洲内部的贸易。工业化发展和基础设施侧重解决非洲区域内贸易发展面临的供给不足的问题。非洲的工业化水平普遍较低，大多数国家出口的产品均以传统的农产品和资源性原材料为主，缺少互补性，导致发展区域内贸易的动力不足。非洲地区尤其是跨国间的基础设施是严重不足的，推高了区域

---

① 它们分别为阿拉伯马格里布联盟、东部和南部非洲共同市场、萨赫勒－撒哈拉国家共同体、东非共同体、中非国家经济共同体、西非国家经济共同体、政府间发展组织和南部非洲发展共同体。

内跨国贸易的成本。针对此现状，非洲联盟制定了《非洲基础设施发展计划》和《加速非洲工业化发展行动计划》，前者通过加快铁路、公路、航空和港口运力建设，突破制约非洲内部贸易发展的交通瓶颈，后者旨在培养企业生产工业制品的能力，提高产品的附加值和竞争力，加强非洲大陆的贸易能力。

（三）谈判议题超越传统自由贸易区的范围

非洲大陆自由贸易区谈判分为三个阶段：第一阶段有关货物贸易、服务贸易以及争议解决规则和流程；第二阶段有关投资、竞争政策、知识产权；[①] 第三阶段有关电子商务，它是 2020 年 2 月非洲联盟在第 33 届首脑会议上新增的议题。[②] 这些议题范围超出了传统自由贸易区的要求范围，后者仅要求消除货物贸易的关税和非关税壁垒。新议题的纳入对于非洲未来经济的可持续发展具有重要的作用。服务贸易的发展有助于非洲实现产业结构转型，推动经济向更高质量发展；投资有助于促进非洲的经济增长，协调成员国的引资优惠政策既可以吸引外资的流入，也可以避免“逐底竞争”的行为；知识产权作为国家创新实力的综合体现，有助于促进非洲科技创新和经济社会发展；竞争政策是遏制不公平的贸易行为以及营造透明商业环境的重要工具；电子商务是互联网应用的重要趋势，极大提高了经济运行的质量和效率，改变了人类的生产生活方式。截至 2019 年 12 月，非洲大陆自由贸易区第一阶段的谈判已基本完成。在关税减让方面，非洲联盟成员国确定了非洲大陆自由贸易区的关税减让模式，成员国同意在 5 年内（非欠发达国家为 10 年）实现 90% 税目（非敏感商品）的零关税，10 年内（非欠发达国家为 13 年）实现 7% 税目（敏感商品）零关税，3% 税目被允许列为除外商品。目前，

---

① Tralac. The African Continental Free Trade Area: A Tralac Guide [EB/OL]. https://www.tralac.org/publications/article/13997-african-continental-free-trade-area-a-tralac-guide.html, 2020-09-01.

② Tralac. AfCFTA Phase II and III Negotiations—Update [EB/OL]. https://www.tralac.org/blog/article/15090-afcfta-phase-ii-and-iii-negotiations-update.html, 2021-02-10.

已经有41个国家以及4个关税同盟（南部非洲关税同盟、东非共同体、西部非洲国家共同体、中部非洲经济与货币共同体）提交了关税减让表，90%商品的原产地规则已经达成一致。第二阶段谈判最初设定的截止日期为2020年12月，第三阶段谈判于第二阶段结束后开始。但是由于新冠肺炎疫情的影响，第二阶段和第三阶段谈判的截止日期设定为2021年12月31日。①

（四）组织结构体系逐步完善

非洲大陆自由贸易区具有两个实体的特征，它既是一个独立自由贸易协定的制度安排，也是非洲“2063年愿景”的旗舰项目之一，这意味着它的组织结构区别于一般的自由贸易协定。非洲大陆自由贸易区的组织结构由四个部分组成：第一，非洲联盟国家元首和政府首脑会议，由非盟所有成员国的政府首脑组成，它为非洲大陆自由贸易区提供监督和指导，是其最终的决策机构；第二，贸易部长理事会，由成员国的贸易部长或者其他被任命者组成，有权决定非洲大陆自由贸易区协议的所有事项，它通过非盟执行委员会向非盟首脑会议提交报告，并向其提供建议；第三，高级贸易官员委员会，由常务秘书或成员国指派的其他官员构成，负责为实施非洲大陆自由贸易区协议制订方案以及执行计划；第四，秘书处，作为一个管理机构协调非洲大陆自由贸易区协议的执行情况，总部位于加纳阿克拉。同时，非洲大陆自贸区协定下的争议解决机制与世界贸易组织的争议解决机制一致。此外，非洲大陆自由贸易区还设置了货物或服务贸易技术委员会、非洲贸易观察站，成立非关税壁垒报告、监测与消除机制及泛非数字支付和结算平台等。②

---

① Trade for Development, New Trade Agreement Involves Country and Regional Economic Community Actions [EB/OL]. https://trade4devnews.enhancedif.org/en/op-ed/implementing-afcfta-2021, 2021-03-16.

② Tralac. The African Continental Free Trade Area: A tralac guide [EB/OL]. https://www.tralac.org/publications/article/13997-african-continental-free-trade-area-a-tralac-guide.html, 2020-09-01.

二、非洲大陆自由贸易区建立的动因

结合非洲国家自身的特点以及已有自由贸易区的相关理论，非洲大陆自由贸易区建立的主要动因可以归纳如下：

（一）泛非主义所倡导的非洲一体化提供了思想动力

泛非主义是非洲的民族主义，从它诞生之日起，就表现出强烈的非洲一体化特征。它主张非洲大陆是一个不可分割的整体，而非洲全体居民（尤其是黑人种族）为一个整体。[①] 因此，泛非主义相信非洲最终将实现独立和统一，并且成立一个非洲国家。在不同的历史发展阶段，泛非主义始终指导和推动着非洲的一体化进程。在西方殖民时期，非洲被人为分割成数量众多的殖民地，泛非主义唤醒了非洲民族意识和传播非洲一体性的思想。非洲国家独立后，泛非主义积极引导非洲大陆的统一。在这一时期，被称为泛非主义思想产物的非洲统一组织成立，该组织在《非洲统一组织宪章》中明确指出促进非洲国家的统一与团结的宗旨。20 世纪 90 年代至今，在经济全球化浪潮的冲击下，非洲出现边缘化趋势。这重新激发了泛非主义，进而促使非洲联盟代替非洲统一组织集中精力推动实现非洲一体化。由此可见，泛非主义所倡导的非洲一体化为非洲大陆自由贸易区的建立提供了思想动力。

（二）非洲国家改变地理和经济结构碎片化的现实需求

由于历史上被殖民的原因，非洲成为世界上国家数量最多的地区之一，这些国家在地理和经济结构上的巨大差异使非洲的市场呈现碎片化的特征。2018 年，在非盟认可的 55 个国家中，地理面积范围在 456 平方公里（塞舌尔）到 238 万平方公里（阿尔及利亚）之间，其中 0.5 万平方公里以下有 5 个

---

① 舒运国．非洲经济一体化五十年［J］．西亚非洲，2013（1）：86－101.

国家，1 万～10 万平方公里有 10 个国家；人口数量范围在 9.5 万人（塞舌尔）到 1.96 亿人（尼日利亚）之间，其中 100 万人以下有 8 个国家，100 万～1000 万人之间有 16 个国家；人均 GDP 范围在 228 美元（南苏丹）到 1.57 万美元（塞舌尔）之间，其中 500 美元以下 10 个国家，500～1000 美元之间 14 个国家。由此可见，非洲在地理、人口和经济方面存在大量规模偏小的国家，使其无法发挥规模经济，难以吸引外国投资，在国际贸易谈判中丧失话语权。此外，非洲还有 15 个内陆国，这些国家开展国际贸易需要依赖于周边沿海国家的港口设施和跨国运输走廊。因此，这亟待一个单一市场改变大陆的碎片化经济、释放地区的发展空间、扩大市场规模，并提升在国际贸易谈判中的地位。

（三）世界范围内兴起巨型贸易协定矩阵带来的被边缘压力

近年来，全球跨区域的巨型贸易协定迅速兴起。跨大西洋贸易与投资伙伴协定、跨太平洋伙伴关系协定、区域全面经济伙伴关系、亚太自由贸易区、日欧经济伙伴关系协定等正在谈判组建或已经签署。与传统的区域贸易协定不同，这些巨型贸易协定涉及两个或两个以上大型经济体的参与，并对全球贸易具有明显的影响作用。然而，非洲不属于其中的任何一个组成部分，这使该区域的国家对经济可能遭受到的不利冲击产生担忧。根据联合国非洲经济委员会的一项研究，非洲国家由于在这些巨型贸易协定市场面临优惠减损以及更大的竞争，2020 年总出口将下降 27 亿美元（与基期相比）；在行业方面，工业品出口的下降程度最显著。① 非洲大陆自由贸易区的建立有利于促进区域内贸易的发展，可以部分抵消这些巨型贸易协定给非洲带来的消极影响。

（四）非洲与欧美等国家贸易格局变化产生的竞争

目前，非洲主要区域经济共同体（西非国家经济共同体、东非共同体、

① Luke D，Sodipo B. Launch of the Continental Free Trade Area：New Prospects for African Trade?［EB/OL］. International Centre for Trade and Sustainable Development，https：//ictsd. iisd. org/bridges-news/bridges-africa/news/launch-of-the-continental-free-trade-area-new-prospects-for-african，2015－06－23.

南部非洲发展共同体及东南非共同市场）与欧盟的经济伙伴关系协定（EPA）谈判已经基本完成，这意味着非洲大部分国家将不再根据《科托努协定》[①] 单边享受97%的产品免税进入欧盟市场的优惠待遇，而是建立一种更具平等性和互惠性的新贸易安排。例如，2007 年 11 月，东非共同体与欧盟正式启动了 EPA 谈判。在减免关税方案上，欧盟提出对来自东非共同体的商品提供免关税和免配额待遇，而东非共同体给予来自欧盟 82% 的商品免关税准入优惠。[②] 毋庸置疑，如果与欧盟签署了 EPA，东非共同体国家的本土幼稚工业不可避免地面临来自欧盟企业的强大竞争力，最终有可能导致该地区长期沦为低附加值商品的出口国。[③] 与此同时，美国虽然将2015 年9 月到期的《非洲增长与机遇法案》延续了 10 年，至 2025 年 9 月，但是，这也意味着美非之间最终将维持互惠的贸易关系，必定对非洲国家的经济产生负面影响。

（五）提高非洲区域内部贸易的紧迫性

一直以来，非洲的区域内部贸易整体处于较低的水平，内部出口额占该地区出口总额的比重长期维持在 10% 左右，远低于世界其他地区。根据联合国贸易发展会议数据，1995 ~ 2019 年期间美洲的比重平均为 58% 、亚洲为 56% 、欧洲为 71% 。由于区域内部贸易的不活跃导致非洲国家每年为此付出的损失达数十亿美元。[④] 造成非洲低水平内部贸易的原因之一是非洲众多的

---

① 《非加太地区国家与欧共体及其成员国伙伴关系协定》简称《科托努协定》（*Cotonou Agreement*），是非洲、加勒比海和太平洋地区国家集团（简称“非加太集团”）77 个成员国和欧洲联盟 15 国于 2000 年 6 月 23 日在贝宁首都科托努签订，其中非洲地区有 48 个国家。根据规定，《科托努协定》有效期为 20 年，每 5 年修订一次，前 8 年为过渡期，后 12 年为执行期。在 8 年过渡期，欧盟向非加太地区国家提供 135 亿欧元的援助，并且非加太集团国家 97% 的产品可以免税进入欧盟市场。《科托努协定》签订后，一些拉美国家对欧盟给予非加太集团国家的特殊“照顾”表示不满，并诉诸世界贸易组织。世界贸易组织于 2001 年裁定，非加太集团国家与欧盟应在 2007 年底前取消单方面贸易优惠安排，并达成新的贸易协定。

② 姜菲菲．欧盟与非洲 EPA 谈判及对中非经贸合作影响［J］．中国外资，2014（8）：68 – 70.

③ 联合国：东共体与欧盟签订经济协议，后果是毁灭性的［EB/OL］. http：//www. sohu. com/a/137296674 _617282，2019 – 01 – 01.

④ 中国经济网．非洲内部自由贸易障碍重重［EB/OL］. http：//intl. ce. cn/specials/zxgjzh/201202/10/t20120210_ 23061873. Shtml，2019 – 01 – 01.

经济一体化组织产生的“意大利面碗”效应，它们在成员国、宗旨和规则方面存在严重的重叠，有的甚至相互矛盾。① 例如，在53个非洲国家加入的区域经济组织中，有27个国家同时加入了2个，18个国家同时加入了3个，1个国家同时加入了4个，只有7个国家仅加入1个。② 这种多重成员国身份给一国的企业带来额外的贸易成本。例如，不同区域一体化组织对产品标准和原产地规则的要求不同，使得出口企业不能有效地发挥规模经济优势，阻碍企业实现产品和营销方式的多样化。因此，这些散乱的区域经济组织之间需要在贸易和经济方面进一步整合，形成单一的市场以消除多重成员国身份对非洲内部贸易产生的不利影响。

三、非洲大陆自由贸易区的影响

一旦非洲大陆自由贸易区协议生效，非洲55国将成功构建世界上成员国数量最多的自由贸易区，形成覆盖12亿人口，拥有2.5万亿美元国内生产总值（2017年）的单一市场，这将对非洲经济各个方面产生极大的促进和推动作用。

（一）促进非洲区域内部贸易整体水平的提高

实践证明，非洲次区域经济共同体的贸易一体化有助于提升区域内国家之间的贸易水平。根据联合国贸易和发展会议（简称“贸发会议”）数据显示，2001～2019年期间，已经完成自由贸易区建立的区域经济共同体内部出口占总出口的比例均呈现明显的上升趋势，东共体的经济一体化程度最高，区域内贸易水平也最高，2019年该比例为17.07%，东南非共同市场的区域内贸易水平最低，但增长较为显著，2019年达到10.75%，2001年仅为

① 孙志娜．非洲内部贸易及对中国的外贸政策启示［J］．国际经贸探索，2014（3）：62－72.

② UNCTAD. Economic Development in Africa Report 2009：Strengthening Regional Economic Intregration for Africa's Development［R/OL］. http：//unctad. org/en/docs/aldcafrica2009_en. pdf，2009－06.

6.49%。三方自由贸易区自2011年开始谈判以来，区域内贸易水平大幅度提升，从16.52%上升到2016年的21.05%。在此基础上，整个非洲的内部贸易水平也得到了显著的改善，从2001年的11.82%上升到2019年的15.51%。非洲大陆自由贸易区建立之后，将极大地激发区域内的贸易创造，预计到2022年区域内贸易占比会增长52.3%。非洲区域内贸易水平的提高有助于降低外部宏观经济对非洲经济的不利冲击。

（二）改善非洲国家过于单一的出口商品结构

非洲有着丰富的石油、矿产和森林资源，但在欧洲长达几百年的殖民统治期间，这里一度成为其宗主国的工业原料供应地和商品销售市场，形成了以1~2种初级产品为依托的单一经济。独立以后，尽管许多非洲国家都在努力发展本国的民族工业，但成效不大，农业和矿业仍是该地区大部分国家的支柱产业，导致这些国家出口的产品大多是传统的农产品和资源性原材料。不过，对比近年来非洲区域内外出口的商品结构，发现两者存在较显著的差异。根据Trade Map数据显示，2001~2019年非洲对区域外的出口约50%为矿产品，且该类商品的占比有增强的趋势；制成品虽然也占有一定份额，但呈现下降的态势。与之有所不同，非洲对区域内的出口以制成品为主，且这类商品的占比变化较为稳定，2019年该比例为65.3%。这说明，非洲区域内贸易的商品结构不再是低附加值的资源型产品占主导，而是以附加值高、类型多样的制成品为主。预计，非洲大陆自由贸易区建立后，非洲工业品出口到2022年会增长53.3%。①

（三）推动非洲国家之间各项贸易政策的协调

这里的贸易政策包括关税、非关税壁垒、原产地规则以及贸易便利化措施等。在关税方面，次区域经济共同体的贸易合作已经促使非洲国家之间的

① African Union，ECA，ADBG. Assessing Regional Integration in Africa Ⅷ [R]. 2017.

关税率大幅度下降。根据 Trade Map 数据显示，非洲国家的关税率在 1.8% ~ 7.4%之间。非洲大陆自由贸易区成立后，区域内商品的关税将进一步下降，最终 90% 的商品将实现零关税。在非关税壁垒方面，非洲大陆自由贸易区将借鉴三方自由贸易区的经验，采用一个监管和报告系统来解决非关税壁垒带来的高额贸易成本。在原产地规则方面，非洲大陆自由贸易区的建立将有助于解决非洲各国原产地规则重叠甚至冲突的现象，结合各成员国的具体特征制定一个统一、合理的原产地规则。在贸易便利化措施方面，非洲大陆自由贸易区的成员国将采取简化海关程序、协调边境哨所的开放时间、采用一站式边境哨所以及在跨区域的交通走廊取消路障等措施。

（四）促进生产要素在非洲大陆范围内自由流动

非洲大陆自由贸易区的建立改变了非洲碎片化的地理和经济结构，扩大了市场空间，这将有助于吸引更多外国投资的流入。根据联合国贸发会议数据显示，近年来，非洲大陆吸引外国直接投资（FDI）的规模呈现较大幅度的上升，2000 ~2015 年流量从 96.5 亿美元增加到 566.3 亿美元。2016 年和 2017 年，受国际石化能源价格下调影响，该值有所下降。但根据《2018 年世界投资报告》数据，受到非洲大陆自由贸易区建立的激发，2018 年非洲外国直接投资流入金额达 460 亿美元，同比上涨 11%。另外，作为服务业领域的早期收获，非洲单一航空运输市场已于 2018 年 3 月正式启动，自然人流动服务协议也同非洲大陆自由贸易区协议一起正式签署。建立非洲单一航空运输市场的目的是解除成员国之间的航空管制并实现航空运输标准化，这将促进非洲大陆的互联互通，降低运输成本，更好地整合各国经济、贸易和旅游资源。在自然人流动方面，次区域经济共同体已经取得了很大的进展，东共体签订的共同市场协议中，不仅包括服务供给者，也包括工人的自由流动，西共体、南共体、东南非共同市场也签署了自然人流动服务协议。毋庸置疑，非洲大陆自然人流动服务协议的签署，对消除非洲服务贸易中自然人流动壁垒、促进自然人在非洲服务市场流动、推动非洲服务贸易具有重要的现实意义。

四、非洲大陆自由贸易区的发展趋势

近年来，非洲在经济、政治和国际关系等方面的稳定发展，为非洲大陆自由贸易区的建设营造了良好的环境。但是，非洲国家之间的经济实力悬殊以及供给和生产能力的不足也给非洲大陆自由贸易区的发展带来障碍。

（一）有利因素

1. 经济增长整体趋稳

非洲曾于2000年被英国《经济学人》杂志称作“无望的大陆”。但进入21世纪以来，非洲大陆整体由乱趋稳，经济连续多年快速增长、和平红利和人口红利等不断释放，非洲逐渐变为“希望的大陆”。根据世界银行数据显示，2000~2018年，非洲经济平均增速高于全球平均水平，仅次于亚洲。2018年，全球经济增长速度最快的10个国家中，5个来自非洲，它们分别为利比亚（11%）、卢旺达（8.6%）、南苏丹（7.4%）、埃塞俄比亚（7.3%）及科特迪瓦（7.2%）。根据非洲开发银行预测，2019年非洲经济增长稳定在3.4%，预计2020年将回升至3.9%，2021年将回升至4.1%。①

2. 政治局势持续改善

非洲动荡的政治与安全形势一直是困扰非洲稳定和发展的痼疾。这种趋势从2017年后有所缓解，总体呈现出向好、向稳的发展趋势。② 一方面，非洲地区的选举政治趋于理性，多个非洲国家权力平稳过渡，选举政治所引发的部族冲突和社会动荡大幅下降；另一方面，部分“热点”安全问题有所降温，例如，暴恐形势有所改观、南苏丹和平再现曙光、索马里和平进程向前

① African Development Bank. African Economic Outlook 2020：Developing Africa’s Workforce for the Furture［R］. 2020.

② 非洲黄皮书课题组．非洲政治安全形势的新发展与新挑战［EB/OL］. 中国皮书网，https：//www. pishu. cn/psgd/541868. shtml，2019－11－21.

推进、埃塞俄比亚与厄立特里亚长达20年的争端也和平解决。根据2017年易卜拉欣非洲治理指数，非洲的总体治理指数自2007年以年均1.4%的速度增长，包括科特迪瓦、突尼斯、卢旺达和埃塞俄比亚等在内的至少12个国家，总体治理指数增长速度超过5%。[①]

3. 大国重视程度增强

当前，非洲正在吸引着世界主要经济体的广泛关注。2018年底，美国总统特朗普推出了非洲新战略，改变了其一直对非洲的漠视态度。2019年6月，美国在莫桑比克召开的美非商业峰会上宣布启动“繁荣非洲倡议”。2019年8月，日本在横滨举办了第七届非洲发展国际会议，约有40多个非洲国家领导人参加。会上，日本对非洲提出“双E双I”（企业、就业、投资、创新）战略，承诺未来三年向非洲提供总额约300亿美元的对非投资及贷款计划。在2018年9月举行的中非合作论坛北京峰会上，28个非洲国家和非洲联盟在峰会期间与中国签署共建“一带一路”合作备忘录。同时，中国还提出对非洲实施产业促进、设施联通、贸易便利等为主要内容的“八大行动”计划。2020年2月，欧盟发布对非洲关系新战略，提出加强与非洲在十大领域的合作，涉及绿色发展、数字转型、经济一体化、营商环境、科研创新培训、冲突解决、社会治理、人道主义援助、移民管理等，将非洲从目前的“发展援助对象”提升为“合作伙伴”，谋求建立战略伙伴关系。

（二）存在的障碍

1. 与区域经济共同体之间的法律关系存在矛盾

自20世纪60年代非洲大多数国家相继获得政治上的独立以来，非洲大陆涌现出众多的区域经济合作组织，它们被称为区域经济共同体。这些组织形成一个复杂、相互交织的网络，在成员国、任务和规则方面存在重叠，有的甚至相互矛盾，造成“意大利面碗效应”，降低贸易效率。为了消除重叠

① 中华人民共和国商务部．非洲经济增长有望成为全球之首［EB/OL］. http：//www. mofcom. gov. cn/article/i/jyjl/k/201809/20180902784001. shtml，2018－09－27.

成员国现象，2006 年 7 月非盟第七届首脑会议上正式承认 8 个区域经济共同体作为实现非洲经济共同体的支柱。《建立非洲大陆自由贸易区的框架协议》也肯定了这些区域经济共同体的基石作用，但同时指出了它们与非洲大陆自由贸易区之间的法律关系存在矛盾。《建立非洲大陆自由贸易区的框架协议》第 19 条规定，“如果本协议与非洲任何区域贸易协定存在差异，应以本协议为准”。这表明协议的规则优先于区域贸易协定规则，显然与协议第 5 条所述的“保留既成”原则相矛盾。此外，作为独立法人的区域经济共同体并没有因为非洲大陆自由贸易区的成立而消失，未来区域经济共同体之间及区域经济共同体与非洲大陆自由贸易区的重叠现象依然存在。①

2. 成员国之间的利益存在冲突

自《建立非洲大陆自由贸易区的框架协议》生效以来，成员国由于各种原因，如外交争端、安全问题、健康预防和经济利益等实施排外行为、关闭边境以及非关税壁垒的情况有所增加，导致进入实施阶段的非洲大陆自由贸易区协议增加了诸多变数，执行速度减缓。例如，2019 年 9 月，南非针对尼日利亚群体的暴力行为遭到尼日利亚官方及民间的抗议。尼日利亚政府随后召回驻南非大使，并宣布退出正在南非开普敦举行的世界经济论坛非洲峰会。2019 年 10 月，尼日利亚为了遏制邻国走私货物的涌入，政府宣布无限期禁止所有商品通过全国陆路边境的进出口活动，这一局势正在影响着西非地区的贸易往来。此外，尼日利亚的国内相关利益方一度表达非洲大陆自由贸易区对本国经济造成冲击的担忧，这导致尼政府不得不延迟《建立非洲大陆自由贸易区的框架协议》的批准程序。2020 年初，新冠肺炎疫情席卷全球，非洲国家也未能避免。为了控制疫情，非洲多数国家出现了封关和封境情况，有关非洲大陆自由贸易区协议执行的相关会议延迟。

3. 供给和生产能力不足现象依然严峻

基础设施薄弱一直是制约非洲实现经济一体化的瓶颈之一。近年来，随

---

① 孙志娜. 非洲大陆自由贸易区发展报告（2018—2019）［M］//非洲地区发展报告（2018—2019）. 北京：中国社会科学出版社，2019.

着非洲国家一体化意识和行动能力逐渐增强，跨国、跨区域基础设施建设有所增加。例如，连接南苏丹、埃塞俄比亚与肯尼亚的交通走廊、连接卢旺达及乌干达和肯尼亚的“北部走廊一体化项目”、中部非洲交通走廊、东非电力互联网络、中部非洲能源组织的北南走向的电力输送通道项目都在建设。尽管如此，根据非洲开发银行数据，非洲地区的基础设施融资缺口依然很大，每年所需资金总额约在 1300 亿 ~ 1700 亿美元。此外，非洲大多数国家的工业化水平普遍低下，出口结构以农产品和矿产品等附加值较低的商品为主，各国之间进行贸易的动力不足，对区域外国家的贸易依赖依然严重。

4. 成员国较大的收入水平差异导致自由贸易区的收益分配不均等

非洲国家之间的经济结构存在显著的差异，2019 年尼日利亚、南非和埃及是该地区经济规模最大的三个国家，三者占非洲整体 GDP 的比重接近 50%，其余国家或经济总量较小，或属于欠发达国家，这种情况将导致非洲大陆自由贸易区实施后产生的成本和收益在成员国之间分配不均等。一方面，非洲大陆自由贸易区实施的消减关税和非关税壁垒、提高贸易便利化等贸易政策将引起成员国调整成本的上升，例如，关税收入下降、失业人口增加、部分部门的经济活动减少等，那些资金实力和机构能力不足的国家由于不能有效处理自由贸易区给本国劳动力和小企业带来的负面影响，将面临较高的调整成本；另一方面，非洲大陆自由贸易区将有助于扩大区域内贸易，吸引区域外投资的流入。但是，那些经济多样化的国家（如南非）从非洲大陆自由贸易区获得的收益倾向高于经济结构单一的国家，前者在制造业存在竞争力，能够利用非洲大陆自由贸易区将制造商品出口到其他成员国。并且，区域外投资倾向于流向基础设施较好、经济规模较大的国家，并将这些国家作为打开邻国市场的门户。毋庸置疑，成本和收益的不平等分配将延长非洲大陆自由贸易区谈判的进程，阻碍其顺利实施。①

① Albert T. The African Continental Free Trade Agreement Opportunities and Challenges, Cuts International, Geneva [EB/OL]. https://www.proshareng.com/news/Trade% 20Investment/The-African-Continental-Free-Trade-Agreement-Opportunities-and-Challenges-/54707, 2020 - 11 - 11.

5. 非洲国家实施的非关税壁垒引起的贸易成本依然较高

虽然非洲大陆自由贸易区的大部分成员国已经提交了关税减让表，但是该地区大部分国家还实施了种类多样的非关税壁垒，比如配额、特殊的单据和包装要求、符合性认证、边境检查等，这些壁垒属于限制性条例和程序，增加了成员国之间贸易的难度和成本。非关税壁垒引起的贸易成本在非洲国家之间存在显著的差别。根据 2020 年世界银行《营商环境报告》（*Doing Business*），为了保障进口时边境合规（如清关和商检），花费时间最短的国家为斯威士兰，仅 3 个小时，最长的为坦桑尼亚，高达 402 个小时；花费成本最低的是博茨瓦纳，仅 98 美元，最高的为刚果（金），高达 3039 美元。这些非关税壁垒给非洲区域内贸易带来的成本往往高于关税。

五、中国应对非洲大陆自由贸易区建立的外贸对策

自 2009 年以来，中国已经连续 11 年成为非洲最大的贸易伙伴国，非洲也是中国当前对外贸易的重要拓展市场和“一带一路”倡议的重要参与方。考虑到非洲大陆自由贸易区成立后产生的贸易创造和贸易转移效应会改善区域内部贸易整体水平以及商品结构，这不可避免地会对中非贸易尤其是中国对非洲的出口产生一定的负面影响。为了继续保持与非洲良好的贸易合作关系，中国可采取以下一系列应对措施。

（一）实现中国“一带一路”倡议与非洲大陆自由贸易区三大支柱对接

2018 年 9 月，中非合作论坛北京峰会上中国根据“一带一路”倡议提出了以产业促进、设施联通以及贸易便利化等为主要内容的“八大行动”计划，这与非洲大陆自由贸易区三大支柱“市场一体化、工业发展和基础设施建设”高度融合。未来，中国可以结合《建立非洲大陆自由贸易区的框架协议》《非洲工业发展行动计划》《非洲基础设施发展计划》，积极参与非洲大陆自由贸易建设，实现互利共赢。首先，在市场一体化方面，中国为非洲国

家实施促贸援助项目，帮助非洲打通内部市场非关税隔阂；其次，在工业化方面，中国鼓励中资企业在非洲建设和运营产业园，形成产业集聚效应，带动非洲相关产业发展和就业；最后，在基础设施方面，中国在亚吉铁路和蒙内铁路基础上，继续参与非洲跨国跨区域基础设施合作，实现基础设施互联互通。

（二）积极探索中国与非洲大陆和次区域经济共同体的贸易合作方式

目前中国与非洲的贸易合作主要以双边层面为主，2018 年 9 月中国与毛里求斯结束自由贸易区谈判，中毛自由贸易成为中国与非洲国家建立的第一个自由贸易区。未来，中国需尽快开启与非洲其他国家、次区域经济共同体乃至非洲联盟建立制度性贸易安排的可行性研究和双赢贸易合作模式研究。建立自由贸易区可以沿着三个层面进行：第一，选择与中国贸易往来密切且未加入关税同盟或共同市场的单个国家作为重点对象；第二，选择已经建成关税同盟或共同市场的南部非洲关税同盟、西非国家经济共同体以及东非共同体等次区域经济共同体作为重点对象；第三，选择非洲同盟，争取开展包括贸易、服务、投资、知识产权、争议与解决、竞争政策等一揽子谈判。

（三）有效发挥中国对非洲直接投资产生的贸易创造效应

为了绕开非洲大陆自由贸易区建立后对外形成的贸易壁垒，中国政府可以积极引导和支持中资尤其是民营企业到非洲进行直接投资。鉴于非洲大部分国家的工业基础较薄弱以及产业链不完善的情况，首先，中国企业可以利用该国关税结构中不同功能产品的关税税率差异，采用从国内进口原材料加工或者进口半成品组装的方式在本地生产产品，避免直接对东道国出口最终产品被征收高额关税；其次，中资企业可以利用东道国与其邻国签订的大陆和次区域自由贸易协议，在符合原产地规则条件下免关税出口到周边国家，扩大销售市场；最后，中资企业可以利用部分非洲国家输欧美等国家商品享受的零关税待遇，扩大对这些发达国家的出口。

（四）加快与非洲在电子商务新兴领域开展务实合作

电子商务在非洲具有广阔的发展前景，也是提升非洲贸易和投资便利化的重要手段，目前它作为一个新议题也被纳入非洲大陆自由贸易区的谈判中。中国作为电子商务规模最大、发展最快的国家之一，可以积极与非洲国家开展在该领域的务实合作。一方面，鉴于非洲国家的电子商务发展尚处于发展初期，存在移动和固定宽带网络普及率低、国内银行与国际银行连接不畅导致跨国银行交易困难、中小企业融入电子商务市场平台困难以及落后的运输基础设施不足等问题，中国可以与非洲探讨开展电子商务等“互联网＋”合作，使非洲与全球其他地区共享信息技术和大数据经济带来的便利；另一方面，鉴于非洲一些地区如东南非共同体市场正在尝试建立数字自由贸易区，以利用区块链技术降低成员国进口清关费用，中国作为数字贸易自由贸易区的先行国和倡议国，可以此为契机与非洲国家在双边贸易的数据对接、标准认定、贸易便利、风险防控等领域进行合作，研究基于大数据的标准体系、贸易方式及合作模式，探讨基于双边贸易的数字自由贸易区向非洲次区域或大陆延伸。

第二篇

产业发展

贸易数字化背景下的中非经贸合作路径

张为志*

摘　要： 在数字穿透力作用下，非现场的数字全球化逐步替代了以现场经济为主的经济全球化，数字经济高质量发展及优质数字企业培育与输出，成为中非经济合作的焦点。中国是非洲重要的经济合作伙伴，中非经济合作也不可避免地建立在了数字全球化的发展环境之中，中非之间必将开启“贸易数字化共同体”的建设进程。

关键词： 智能革命；非现场经济；贸易数字化；中非经济合作数字化；中非贸易数字化共同体

一、中非经济合作的非现场化

在数字全球化的进程中，智能科技在各自平行发展的同时出现了集成化

* 作者简介：张为志，浙江大学科学技术与产业文化研究中心学术与课题协调负责人、广州市南沙区创化计算机法律解读技术及应用研究院院长。

趋势。这种高新科技的集成发展态势，揭示了科技集成的智慧共享体系发展特征，直接推动了信息经济向智慧经济的一次超越，社会活动主形态也由现场活动占比为主，逐步转向了非现场活动为主。

非现场经济（off-site economy）是指在智慧经济时代以智能化程度为时间节点，由智慧劳动引起，与质能经济相对，反映当今社会由非现场活动的加剧而带来的社会经济变化以及随之而来的一系列经济现象和经济活动。① 智能化程度时间节点则以三个转变为标志：模拟传输向数字化传输转变、传感网与互联网的结合、智能科技与信息与通信技术（ICT）的结合，特别是人工智能技术的介入，信息交互功能转向了借助于智慧共享体系的智慧劳动应用。

非现场经济不是虚拟经济，也不是覆盖实体经济，非现场经济不存在实体经济与虚拟经济之分，看上去实体经济与虚拟经济或数字经济对立，也确实存在着很多层面上的对立。然而，放到非现场经济视野，这一切就是一个整体，你中有我，我中有你。这要求实体经济去顺应非现场经济引发的社会变革，即传统企业顺应非现场经济的发展趋势转型为新的非现场实体经济，这是人类历史进程中一个重大文明期的符号。

根据不同时期社群结构与主活动形态的变化，我们可以把以自然经济为代表的分散式现场交易、分散式现场管理为主特征的古代称为第一文明期；以市场经济为代表的两次工业革命集中式高度现场化为主特征的时代称为第二文明期；以高效非现场化为代表的智慧共享社会称为第三文明期，我们称之非现场经济文明。

众所周知，工业文明时期，贸易、产业服务业整体上相对分离，且基本是产业导向的贸易、服务业，贸易从属于产业。非现场经济文明初期，很多人自然而然地受这种思维惯性的影响，提出了数字叠加产业的直接思路，数字贸易、“互联网＋”等概念被相继提出。可是，随着智能技术的发展与智慧共享体系的成长，产业能力不断上升。此时，作为产业辅助地位的贸易，

---

① 张为志．智能移动终端支撑下的非现场经济［M］．杭州：浙江大学出版社，2011.

逐步演化为了市场数字化导向产业（或称为数字化导向）的发展趋势。这里不再是贸易、服务业与产业分离的各自数字化，而是由于数字的强穿透特性，使得贸易、服务与产业深度融合，贸易数字化概念自此诞生。

贸易数字化（off-site trade & industry）[①] 是指，充分利用各种科技集成成果，使得贸易主体、制造主体、服务主体、公共管理主体，以及产品、原辅材料、资本被允许以数字形式而自由移动，不管个人和企业的国籍和所在地为何处，都能够在公平竞争、消费者和个人数据被保护的条件下，安全流畅地接触和使用在线或局部在线或线上线下结合的经济活动。

科学技术发展的自治性决定了世界范围社会、经济秩序的变革方向，建立在智慧共享体系形成的基础上，以高新技术（涵盖所有 ICT 及人工智能的多系统）集成协同作用为定义原则，这就从理论基础上抛开了当下以欧美为主的以撮合或交易为核心的数字贸易定义的狭窄路线。贸易数字化不只是传统意义上贸易的数字化，而是全链程、全产业的数字化融合发展。其特征是依靠科技集成力量实现高度信任的透明、参与者自由的市场经济行动，以获取自身需要的便捷、平等、安全的竞争力。涵盖了贸易撮合数字化、贸易执行数字化、贸易服务数字化、市场主体数字化、产品数字化、产业链数字化，贸易数字化是智能科技集成协助的产物，包含了从制造业到消费端的整个产业链的数字化，属于跨区域多边的贸产服融合联动的全面数字化合作。

如今，处在这样新历史环境的中非经济合作必定带有时代的数字化特性，贸易数字化赋予了中非经济合作的新内涵。中非经济合作从此将进入了非现场化的贸易、产业、服务业数字一体化全方位合作的快车道。中非经济合作不再是由单一 ICT 技术所支撑的贸易撮合成本问题，而是各种技术集成、新时代新社群各种利益交换的跨区域整体利益增加的实现；不再是单一行业、单一业态、单一领域及单向的行动，不再相互分离、相互割裂，是中非各行业各领域的全面数字化联动合作行动。

---

① 张为志．人工智能正在改变世界贸易方式［EB/OL］．第一财经，https：//www. yicai. com/news/100697098. html，2020 -07 -12.

二、中非贸易数字化合作的基础

在全球数字经济发展进入快车道的今天，中非数字经济合作显得尤为重要，需要双边共同开启新环境适应、新机遇捕捉的紧密合作。作为非洲最重要的经济伙伴，中国为非洲大陆的商业数字化活动和相关投资领域，带来了市场、技术、资本和创业经验，双方在电子科技、智能制造、数字农业、数字金融领域和商业模式的应用创新合作，将成为中国与非洲双向数字经济发展的重要引擎。为此，非洲各国家为实现经济跨越式发展不断进行着探索，纷纷开启基础设施建设，加速信息化和现代化进程。

同时，非洲正迎来一场数字技术激发商业活力、重塑生活方式、改变消费习惯的社会发展变革。联合国贸发会议 2020 年 8 月发布的数据显示，自新冠肺炎疫情暴发以来，非洲一些电商平台业务量实现三位数的增长。① 不少非洲国家政府正根据贸发会议的建议，营造有利于电商和数字经济发展的环境，数字经济将为非洲经济发展带来新动能。据全球移动通信系统协会（GSMA）的报告显示，撒哈拉以南非洲地区是全球范围内通信行业发展最快的地区，截至 2019 年底，移动用户数量为 4.77 亿，而到 2025 年，移动用户将增加 1.37 亿，移动技术和服务业占撒哈拉以南非洲地区 GDP 的 9%，贡献超过 1550 亿美元。②

非洲数字经济在移动支付、电子商务、出行服务等方面发展迅速，为非洲当地民众日常生活和消费提供了便利。国际货币基金组织发布的《2021 年撒哈拉以南非洲地区经济展望》清楚地表明了数字经济在当地的重要性和价值，非洲已经从数字化转型中获得巨大收益。③ 据西非法国集团公司与市场

---

①② 高歌，徐祥丽．记者观察：非洲数字经济发展的挑战与机遇，中非合作带来新动力 [EB/OL]．人民网，http：//world. people. com. cn/n1/2020/1009/c1002 -31885264. html，2020 -10 -09.

③ 国际经贸研究所．国际货币基金组织发布《2021 年地区经济展望：撒哈拉以南非洲》[EB/OL]. http：//www. suibe. edu. cn/gjys/2021/0427/c12020a137021/page. htm，2021 -04 -21.

研究公司益普索集团、毕博咨询公司于2018年共同发布的报告，目前非洲中产阶层约有1.5亿人口，到2040年这一数字将上升至2.24亿。① 新兴的非洲中产阶层在电子产品、大型零售业、通信业、银行业、教育、房地产等方面有较强的消费潜力，特别是对电脑、手机等科技产品拥有浓厚的兴趣，他们中85%的人拥有智能手机，73%的人拥有电脑。② 毫无疑问，崛起中的非洲中产阶层是非洲数字经济发展的强大支撑力量，这些人需要获得数字技能、获得技术而成为数字经济的创新者、创业者。

非洲数字经济发展潜力为中非高新技术和贸易数字化全面合作奠定了坚实基础。从世界范围看，中非数字经济合作属于较低水平，发展过程中有很多短板，数字经济和实体经济融合发展缓慢，双边缺少国际竞争力的数字产业群，新技术、创新力、创造力成为中非数字经济发展的障碍。

中非将共同面对着数字全球化的挑战，中非经济合作也将被数据和数据流而重新定义，技术创新发展与制度创新的深度合作，将成为中非经济合作的主轴。2018年召开的中非合作论坛北京峰会上，中方宣布了未来三年中非合作的“八大行动”。在中非论坛的框架之下，非洲各国最大限度地和中方交流，获得中国在信息通信技术、计算机方面的经验，挖掘更多的中国和非洲各国之间合作的机遇和可能。

三、中非贸易数字化合作的路径

伴随着智能科技的发展和智慧共享体系的到来，这种由技术集成与社会集成的人机智慧，逐步反映在了社会经济发展的新范式上，促进了贸易、产业、服务的快速数字化融合，如图1所示。

---

① 贺文萍．数字经济：中非合作的“展翅之翼”［EB/OL］．学习强国，https：//www.xuexi.cn/lgpage/detail/index.html？id＝5090775119394471668，2019－11－27.

② 李志伟．非洲中产阶层孕育经济增长动力［EB/OL］．人民日报，https：//world.huanqiu.com/article/9CaKrnJQZdp，2015－10－28.

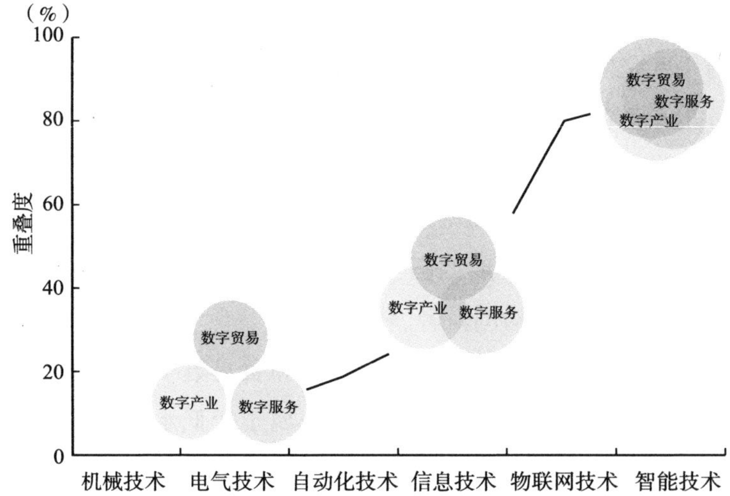

图 1　智能技术推动了贸易、产业、服务三者融合发展

资料来源：笔者自制。

智能技术推动的贸易数字化，不仅引领了消费升级，也在促进从消费互联相万物互联的方向转变。全球消费者与产品、市场参与主体的关系发生着深刻变革，呈现出价值向心几何（N^2）^{2} 式递增的效应，如图 2 所示。

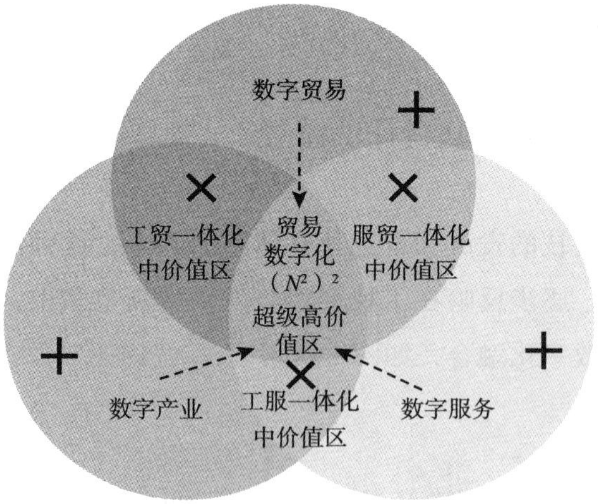

图 2　市场导向的贸易数字化，价值递增的向心发展示意

资料来源：笔者自制。

此时，人们的社会活动从直接的非现场需求，进一步演化为非现场的现场感需求，并向非现场的强现场感需求发展。跨区域贸易数字化合作，不再是单纯为了产能增效的分割式产业数字化，而是将整个产业规划融入了整体的贸易数字化体系中。

贸易数字化开始推导实现以数字消费为起点的“按需生产”数字化模式。为了共同的全球竞争力提升，中非全面经济合作行动，也将逐步指向了这个“贸产服”数字化融合的这个超高价值区合作，加速推动中非贸易数字化合作，将成为中非经济合作发展的核心路径。

（一）中非贸易撮合数字化合作

在线购物成为深受中国和非洲年轻一代主要的消费方式，中国的电商增速远高于同期整体零售水平。非洲的在线购物发展也非常迅猛，根据德国斯塔蒂斯塔调查公司的数据显示：2019 年非洲电商市场规模达到 180 亿美元；非洲电商未来 10 年年均增速将有望达到 40%；截至 2025 年，非洲电商占市场零售总额的比例为 10%，规模将达到 3000 亿美元。①

智能科技快速发展的今天，全球经济数字化广泛渗透到各国社会经济的方方面面。以数据为核心，以数字化为基础，强化运用大数据、云计算、人工智能、虚拟现实等技术，极大地提升了贸易撮合的效率，在线贸易撮合已经成为贸易形态的主形态，世界各国已经进入了网络营销的时代。

由于中非各自市场内容的网络营销逐步成为主流，各参与国企业纷纷借助先进技术开展有效产品研发，向社会输出精准营销产品。然而，精准的用户画像、产品画像、市场画像等都离不开人工智能与大数据的参与。从某种意义上讲，全球贸易撮合数字化的竞争，不再停留在信息化层面，而是取决于人工智能技术发展及其应用的深度竞争。因此，中非贸易的撮合阶段，也已经离不开双边的人工智能技术创新与应用的深度合作，利用人工智能技术

---

① 黄云卿，沈子奕．非洲数字经济浪潮将至［J］．中国投资，2020（9）：78－79.

阶段中非各合作国不同的文化、法律、习俗及深度用户画像合作，将是中非贸易撮合环节最为快速有效的合作点。

（二）中非贸易执行与服务数字化

贸易撮合数字化达成的贸易合约，需要高效全面的实际执行。其中，物流配送是中非贸易执行环节不可或缺的环节，物流条件很大程度上决定着贸易数字化的成败。非洲国家交通基础设施相对较落后，次区域间互联互通程度低，通关流程冗杂。随着非洲大陆自由贸易区协定生效，东非北部走廊等区域一体化建设取得进展，非洲物流运输将会得到较大的改善。然而，跨国贸易数字化的执行，不仅涉及物流的基础设施问题，更是涉及跨境物流方案制订、物流衔接调度和多边关务处理等。物流的各国多环节分割，还涉及各国不同的主权、利益、法律、文化。大量涉及不同文化与不同规则、法律单靠人为的理解，不仅耗费大量的人力物力，也为主观性选择（包括恶意主观）创造了机会。传统的多渠道跨系统跨国界的人工作业或单纯的信息化，已经无法满足日益全面化的贸易数字化需求。

在中非贸易畅通数字化合作领域，需要克服跨文化跨法律体系特征的难题（不同国家的不同法律、不同文化体系的法律文本合规转译问题）。信息化只能解决信息或数据的传输渠道问题，无法解决被传输的信息或数据内容与格式是否满足对方所在国合规需求的问题。这一难题光靠信息化无法解决，而人工智能有了用武之地。

跨境跨区域的数字化综合服务成为贸易数字化实现的实际抓手。这将涉及跨境商品交割、运输、仓储、支付、结算、税收、市场准入、监管等一系列问题。中非之间的人工智能技术与跨境电子证据链共享应用，有助于抵充双边基础物流设施差距带来的贸易执行难，有望实现中非之间跨国贸易数字化的“通得快、管得住”。

（三）中非贸易数字化导向的产业数字化

随着贸易撮合、执行、服务的全面数字化，消费权利发生了数字化转移，这不可避免地将涉及所有产品、市场主体数字化融入，以提升整个贸易数字化的实际效能。

发展新经济、新能源是世界经济发展的一个趋势，在环境污染严重的情况下，各国都在推动发展绿色的生产方式与生活方式，这已经成为不争的事实。加快推进产业数字化转型，培育产业数字化、优化工业互联网产业平台发展生态被放在各国绿色发展战略的首位。传统企业与数字科技企业的结合，加速了跨界融合的共生共赢。以自由流动的数据资源为基础，以数字科技族群为连接，以多元数字科技平台为依托，以共同价值主张为导向的全新产业生态共建，构建线上线下融合共生的中非产业新体系。

数字化融合是中非产业数字化合作的核心本质，基于数据要素驱动精准触达中非共同市场的客户需求，数据资源将成为中国与非洲企业共同的价值创造新引擎。中非贸易数字化合作的路径，不再是单一化割裂化，而是开始快速融入双边多边各种形态的实体经济之中。中非经济的市场合作，转向了以双边共同的数字化消费需求为导向，引导双边产业形成井然有序地按需生产的数字化融合发展之路。中非经济合作由此有望通过数字化实现整体经济合作能力的提升或弯道超车。

四、中非贸易数字化共同体建设构想

在当前严峻的国际环境和全球经济衰退的背景下，以贸易数字化为工具，借助于人工智能技术（特别是计算机法律解读技术）和加密算法、电子单证统一标签、分布式数据存储技术等，将贸易数字链透明化，使得贸易参与单位之间与离岸贸易实现全程全量的高自由度、低摩擦率连接。如果说工业革命的技术，在实现市场交换和获取私利的过程中，切断并封闭了贸易的相关性，那么智能技术与物联网的发展，则恰恰逆转了这个过程。

在 ICT 技术和人工智能发展的时代，一方面利用科学技术大幅度降低人工成本，提升了跨境贸易的竞争力；另一方面强化了数字贸易的准确性要求。

人工智能支撑的贸易数字化，推动着产品及产业的质量变革、效率变革、动力变革，实现了产业数字化转型升级。贸易数字化涉及先占优势与底层整体数字贸易的技术中立和非歧视问题。在单边主义盛行的今天，技术先占优势被放大，技术中立和非歧视被实际壁垒所替代。因此持续保持技术优势和共同体成员国之间技术互助成为贸易数字化竞争的聚焦点。

中国应充分发挥相对于非洲相关国家的技术优势，向这些国家提供力所能及的技术支援和信息基础工程支持，当前非洲约80%的骨干网络基础设施由中国公司融资建设。中国在推动本国企业数字化转型的同时，应加速人工智能及电子证据链技术的双边合作，积极帮助一些国家的企业快速实现数字化转型。技术支援和技术共享，使得中非经济合作更加紧密。

非洲数字经济的深化发展将促进中非优势互补，中非政府间的创新数字化发展政策共识，不仅拓宽中非双边贸易数字化合作领域，并且通过“自内而外”的贸易数字化区域性结构创新，推进中非贸易数字共同体建设，实现更高水平的共赢发展。从而搭建起更为安全、自由的新型经济合作体—中非贸易数字化共同体。

中非合作应积极介入布局最为基础的跨境贸易数字化入口，直接入手双边多边的消费端数字化，加速参与非洲相关国家下沉市场数字化布局，打造非洲各国数字便利生活圈，从消费端开启“中非贸易数字化共同体”建设进程。在贸易数字化全链程推进的同时，适时开展中非经济合作贸易与产业结构性的数字化创新合作，充分发挥在人工智能、5G网络技术、物联网技术等数字技术的领先优势，大力推进中非贸易数字化合作与布局，十分必要。

数字时代共同体的研究逐渐突破了地域限制，此时的“community”已不再局限于滕尼斯（Ferdinand Tönnies）、涂尔干（Émile Durkheim）、韦伯（Max Weber）等人所描述的共同体，而是突破地域即时间的限制，融入了社会网络，网络权利组织等多种新要素的功能性共同体。吉登斯（Anthony Giddens）在其《现代性的后果》及《第三条道路》中强调一种“脱域（disembdeding）共同体”的概念，即“社会关系从彼此互动的地域关联中，从通过对不确定的时间的无限穿越而被重构的关联中脱离出来”。[①] 地域和血缘已不再成为共同体形成的主要纽带，社区已不再是传统意义上的共同体，社区也不再是共同体的代名词。共同目标、身份认同、归属感等不再是单纯自然人组成共同体这样要素构成。中非经济合作，使得中非各参与国将共同面对数字全球化的挑战，中非贸易数字化共同体也将是中非之间必然的选择。

中非贸易数字化共同体追求的是跨域的全面性。首先是共同体参与主体的变化，这里的共同体构建不再仅仅停留在一个地域、一个国家、一个民族的自然人个体或自然人组织，而是多国多主体共同“系属”和“依赖”[②] 的一个新共同体，既有个体与组织、也有政府与社会，且具有多边个体崛起的发展趋势。其次是这个新共同体是多层次的，贯穿于产业、服务业、贸易的各个环节。再者，这个共同体的表现形式是数字化的，数据化凸显了中非联动的全产业概念，数字化淡化了中国产业或非洲割裂的各自产业概念，仅仅是物质形式分别存在于不同的相对的地理空间内，资源配置与价值提出则是数字一体化的，属于中非双方共同的利益与命运共同体。

也许中非贸易数字化这种共同体范式可能不是完全的根本性的、本质性的或终极性的，但一定是中非经济合作所独特的。贸易数字化的贸产服融合发展其范式，最终归集到中非命运共同体这个一元上，将进一步影响和推动世界范围建立起公平合理的数字全球化新秩序。

---

① 吉登斯．现代性的后果［M］．田禾，译．南京：译林出版社，2000.

② 埃米尔·涂尔干．社会分工论［M］．渠东，译．上海：生活·读书·新知三联书店，2000.

中非跨境电商及数字外贸：现状、困境与发展路径

廖旭辉*

摘　要：中非跨境电商及数字外贸在中非跨境物流、本土物流、在线支付、数字外贸、社交电商等领域得到了快速发展，但因为非洲自然条件、经济结构、用户基础等因素的影响和限制仍面临一些困难和挑战。本文提出，首先，应差异化设计产业扶持政策，支持业内主要平台探索新模式并持续创新，并给予平台企业融资支持；其次，大力支持对中非商贸及中非电商合作领域专业人才的培养，并鼓励中非青年合作创新创业；再其次，强调数字化手段推动品牌及产业出海非洲；最后，加强鼓励非洲进口，推动中国国际进口博览会发展，形成中非双向贸易的协调格局。

关键词：中非跨境电商；电商平台；中非经贸；数字化

* 作者简介：廖旭辉，深圳市正义网络技术有限公司董事长，Amanbo立体数字营销平台创始人。

一、中非商贸合作的历史、现状及趋势

非洲，是人类文明的发源地，具有悠久的历史和灿烂的文明。3020 万平方公里的辽阔面积，丰富多样的物产和资源，有力地支持着非洲的高速发展。非洲当前人口总数已近 13 亿，据预计，2050 年有望突破 20 亿。[①] 同时，作为世界最不发达地区之一，其经济增长潜力巨大。智库布鲁金斯学会在最新报告中指出，“世界上增长最快的经济体中约有一半将位于非洲大陆，有 20 个经济体在未来五年将以平均 5% 或更高的速度扩张，高于全球经济 3.6% 的增速。”[②]

新中国成立后，中非经贸合作有序开展。2000 年中非合作论坛成立以来，中非经贸进入快速发展期。2000 年中非贸易额只有 108 亿美金，至 2019 年，中非贸易额就突破 2000 亿美元大关，达到 2087 亿美元。[③] 近几年受到世界经济下行及大宗商品价格下降，以及全球疫情等多重因素影响，中非贸易额有所下降，但这并不影响中非贸易未来广阔的发展前景。据推测，中非贸易额将在 2025 年达到 4000 亿美金。[④]

2000 年以前，中非贸易从业人员集中在以香港重庆大厦为代表的香港区域。随着中国对非合作的开放，2000 年以后逐渐转移到广州和义乌，这两个地区的非洲商人数量的激增为中非贸易的快速增长谱写了注脚。近年来，随着互联网和跨境电商的普及以及政策需求，两地非洲商人数量有所下降。但是中非商贸很大比例还是依托广州、义乌等传统的外贸市场进行，并明显呈现多批次、小批量、一手交钱一手交货等交易特点。

---

① United Nations. World Population Prospects 2019 [R]. 2019.

② 方凌. 2019 年增长最快经济体中，非洲会有一席之地 [EB/OL]. 华尔街见闻，https://wallstreetcn.com/articles/3471279，2019-01-17.

③ 商务部西亚非洲司. 2019 年中非经贸合作数据统计 [EB/OL]. http://xyf.mofcom.gov.cn/article/tj/zh/202003/20200302942520.shtml，2020-03-06.

④ 中非贸易研究中心. 2025 年，中非贸易离 4000 亿美元还有多远？[EB/OL]. http://news.afrindex.com/zixun/article11110.html，2018-09-07.

自新冠肺炎疫情发生以来，在中国的非洲商人数量锐减，大多数之前在广州、义乌等城市从事采购服务的非洲籍商人都陆续回国，中国在非商人超过一半也暂时撤回了中国。广州、义乌商城的档口空置率与以往熙熙攘攘的热闹景象形成鲜明对比，中非商贸短期受到较为明显的影响。长期来看由于大多数非洲国家的产业结构（供应端：制造业不发达、进口依赖）以及中非贸易的产品结构（需求端：以生产生活必需品为主）等原因，随着疫情发展，经过一段时间库存消耗以后，中非商贸仍将呈现出快速回升的趋势。疫情带来的社交阻断让传统面对面交易的市场采购贸易形式受到了极大限制，因此中非商贸自2020年以来，呈现出朝一般贸易大宗采购反弹及跨境电商（及数字贸易）碎片化同步发展的明显趋势。

疫情发生以来，政府和企业不管是主动还是被动，均在努力适应数字贸易的新平台和新方式。从各家电商平台的交易数据可以看出，中非跨境电商及数字外贸在疫情下得到了快速发展。例如，在2020年底，跨境电商平台Tospino加纳站点销售额增长了约80%。[①] 中非跨境物流、本土物流、在线支付、数字外贸、社交电商等都得到了快速发展。不难预见，未来疫情缓和后，中非贸易也必将被互联网及数字化浪潮所影响，在创新的中非跨境电商平台、数字贸易平台的推动下，得以改变贸易形式，提高交易效率，从而实现可持续发展。

二、非洲电商及中非跨境电商的现状

由于非洲大陆的复杂性及其经济发展相对落后，中非跨境电商及非洲本土电商均尚处在发展初期。部分非洲国家（如南非、尼日利亚、肯尼亚）本土电商的萌芽大多发生在2013年前后。但是因为各国消费力限制、用户基础较差、发展电商的基础条件如物流、在线支付等配套条件落后等原因，发展

① Tospino. 非洲跨境电商市场疫情后订单持续高速增长［EB/OL］. https：//www. sohu. com/a/459433622_120181916，2021 - 04 - 07.

缓慢。电商模式多以复制世界电商成功模式如亚马逊模式、阿里模式、淘宝模式等为主。同时，因为用户基数较小、本土商业基础设施受限、本土情况掌握不充分及对其他模式的简单复制，各平台都经历了不同的周折，直至今日，尚未找到行之有效的发展模式。

以尼日利亚为例，2013 年，先后有 Jumia、Konga 等多个电商平台推出。其中 Jumia 是由德国 ROKIT 公司、南非 MTN、法国 Orange 等共同投资的一家 B2C 平台。据相关财务数据显示，自成立初至 2020 年，公司共投入超 10 亿美元，但是直到 2020 年底，亏损还在 1 亿美元以上。① 如此巨大的投入和亏损，在资本市场烧出了非洲大陆目前唯一的科技独角兽（估值超过 10 亿美元）。② 然而，Jumia 单一的商业模式和纯粹依赖线上的发展思路，都阻碍了其发展。

中非跨境电商是在世界跨境电商尤其是中国跨境电商近几年迅猛发展的背景下产生的，其本质上是对中非国际贸易形态的创新和改变。发展初期，大多数平台都希望复制亚马逊模式，直接发展跨境 B2C。但是事实证明，由于非洲大陆的市场分割、购买力较低、用户基数小、基础较差、配套服务跟不上、跨境物流成本高、政府及传统商人的抵触等原因，跨境 B2C 品类受限，短期内难以实现大规模发展。

目前，业界相对认可的模式是根据非洲的现实情况，优先发展跨境 B2B，卖家把货物前置到海外仓，再通过与本土电商平台的对接实现本土分销及零售。既减少了层级，也规避了以上提及的各种冲突、困难和问题，从而降低到岸成本、突破品类限制、提高交易效率，真正推动中非贸易可持续发展。

---

① 中华人民共和国商务部，驻尼日利亚联邦共和国大使馆经济商务处. 2020 年前三季度尼日利亚 Jumia 电商亏损金额减少［EB/OL］. http：//www. mofcom. gov. cn/article/i/jyjl/k/202011/20201103017291. shtml，2020 - 11 - 20.

② Jumia. Jumia 赴美 IPO 前夕，万事达卡已同意投资 5600 万美元［EB/OL］. https：//www. cifnews. com/article/42793，2019 - 04 - 02.

三、发展中非跨境电商及数字外贸的意义

“互联网+”的诞生及发展是互联网时代的必然趋势。跨境电商在传统国际贸易及以大数据、云计算、虚拟现实、人工智能等为代表的新一代信息技术和网络技术快速发展的基础上得到了较快的发展。首先，线上交易平台突破了时空限制，大大提高了交易效率。同时，线上平台理论上没有品类限制，和线下商业实体相比，能大幅提高交易效率。其次，线上交易减少了交易层级，降低终端用户的购买成本。再其次，计算机技术改善了商业交易环节，如在线展示、在线沟通和在线支付，大大提高了交易效率。另外，互联网技术提高了商业管理效率，如物流管理水平随着电商发展得到长足发展。最后，数字化赋能线下商业，提高了线下商贸的交易和管理效率，突破了线下管理瓶颈问题。

跨境电商是对国际贸易和本国商业形态的一种创新和改变。随着跨境电商的发展，传统国际贸易及本土商业的交易主体、交易方式等各个方面都将发生改变。每个终端消费者都有望直接和全球各地的生产者发生交易。这种改变，将大大冲击传统国际贸易体系，改变国际贸易格局，任何国家或企业在这个变革过程中顺应了这个技术和发展的潮流，都将获得新的竞争优势。

中非传统贸易方式在这个潮流中也必将得到改变和发展。一定意义上，这种改变是中国的机会。中国可以充分利用在互联网和跨境电商领域发展的领先优势，主动调整思路和发展模式，创造性设计出有效的中非数字贸易交易结构和交易体系，从而推动中非商贸的快速发展和中非合作可持续发展。具体而言，有效发展中非跨境电商及数字商贸在以下四个方面具有战略价值：

第一，从中国企业国际化角度来说，发展中非跨境电商及数字商贸，通过降低中国产品在非洲市场的到岸成本，有利于提高中国制造和中国品牌在非洲市场上的国际竞争力。利用中非跨境电商平台和数字贸易渠道，推动中

国民族品牌快速进入非洲，并利用世界主流国家对非洲的零关税待遇，助推中国民族品牌的国际化发展。

第二，发展中非跨境电商及数字商贸有助于推动中非产能合作快速发展。通过中非跨境电商平台，推动中国品牌、技术及产品快速进入非洲市场。当商家有了市场和合作伙伴后，对中国企业尤其是中小企业产业转移到非洲起到巨大的推动作用，也大大降低了中非产业转移过程中的各种风险。

第三，从发展非洲市场的角度来说，发展中非跨境电商及数字商贸有利于推动非洲国家出口、使非洲优势产品低成本快速进入中国市场，为非洲国家创收外汇，从而促进非洲国家和地区发展，提高非洲用户的购买力，并间接推动中非跨境电商快速发展，形成良性循环。

第四，从国际化进程方面来讲，中非跨境电商及数字商贸的发展也会在一定程度上改变已有国际贸易格局和游戏规则，为创建 eWTO 体系贡献力量。与此同时，通过支持中非跨境电商平台推行人民币结算业务，可推动人民币国际化进程。有效建设、占领非洲的线上线下社交等分销渠道，为中国品牌进入非洲市场提供强有力的渠道支持。另外，在发展中非跨境电商的同时，大量的中非贸易数据以及非洲各国的商业数据聚集将形成大数据优势，有利于分析与目标国家的商业合作策略。

四、发展中非跨境电商及数字外贸的困境

当前发展中非跨境电商，因为其地理、历史、政治、经济结构、交易习惯等底层问题影响和限制，主要存在以下六个方面的困难：

第一，从自然情况及经济基础角度来说，非洲大陆不是一个单一国家。其市场分散，情况复杂，各国发展不均衡。人口基数、发展现状、经济结构、消费能力等众多方面都存在严重的不均衡现象。大多数国家单一市场体量较小，购买力较弱，又由于市场用户基础差，用户基数小、购买力弱、缺乏电商交易能力、没有电商使用习惯等原因，导致用户教育成本高、平台推广成

本高、退货率高等障碍和问题。另外，本地电商人才缺乏也对行业发展形成了一定的制约和障碍。

第二，国际间法律存在认知障碍。电商是个新兴经济现象，非洲国家在这个领域的立法几乎空白，对电商这种新经济发展方式缺乏清晰的认知，尤其如税收适用法则等。其中最值得注意的是非洲电商经营者及物流公司的信誉度问题。在缺乏电商法律保护的非洲，消费者因担心受到欺诈而拒绝网购，拒绝网上支付，即使存在第三方移动支付，也会因为整体信任缺失而拒绝使用。为避免付款信任问题，一些消费者选择货到付款，但因欠发达的物流与配送造成了很多拒签和退货问题，消费者与卖家同时损失的情况不占少数。

第三，发展电商所需的物流、在线支付、交易担保、运营与管理的数字化协同等配套基础条件差。在物流方面，存在包括交通基础设施落后导致的物流落后现状难以短期改变、物理地址缺乏统一管理导致“最后一公里”投递失败率较高、因单量太小导致的单位物流成本太高、因为灰色清关普遍存在导致清关成本不稳定或成本高等问题。在支付与交易担保方面，很多国家存在外汇短缺、外汇管制、汇率波动大、网络支付平台缺乏、电子钱包支付手续费高等问题，以及缺乏社会诚信体系、交易担保体系等导致用户增长慢的问题。在数字化协同方面，很多国家都存在从政府管理机构到企业的数字化水平较低的现实困难，如海关的数字化水平影响通关效率，企业缺乏基本的进销存等管理软件，导致用户的交易效率低、交易成本大等问题。

第四，客单价低与交易成本高的矛盾和冲突短期内难以改变。由于非洲大陆总体发展水平较低，因此用户的客单价较低；另外，由于用户较少、交易量较小，物流等单位交易成本居高不下，大部分在非物流公司在最后几公里都是利用摩托车进行配送，费用高昂而且效率低。这些原因都限制了跨境电商品类的拓展及行业的快速发展。

第五，来自政府和传统商贸体系的抵触。大多数非洲政府对电商发展持支持态度，尤其是新冠肺炎疫情背景下，电商发展大大推动了非洲的数字化进程。但是发展跨境电商将直接或间接影响部分利益相关者的利益。例如，直接发展跨境 B2C 可能会冲击非洲进口国的关税体系及非洲国家内部的就业体系，更可能会直接影响到部分进口商和上游批发商的利益；又如，非洲很多国家普遍存在的灰色清关问题也在一定程度上对跨境电商的发展形成了制约。

第六，电商平台企业融资困难。电商平台企业前期研发及运营投入较大，同时非洲电商市场复杂，模式探索及研发周期较长，运营推广费用更是高昂，导致前期投资的资金和时间成本较高；国家至今仍缺乏对非洲数字化项目的投资支持，而市场化风险投资又因为市场分散、风险较高、难以尽调等客观困难，也不敢轻易投资非洲电商项目，这些因素都导致非洲电商平台融资渠道受限，从而影响中非跨境电商平台企业的创新及发展。

五、发展中非跨境电商及数字外贸的政策建议

由于非洲的不平衡性及特殊性，非洲电商及中非跨境电商的发展，一定不能简单照搬世界包括中国其他电商模式的成功经验和现实方式。各国发展的轨迹不同，发展阶段不同，所处的环境不同，盲目照搬很难奏效。只有结合其自身实际情况、发展需求和技术趋势，量体裁衣，创新设计，才是解决之道。非洲电商，几乎很难再有中国电商 1.0 纯 Online 时代的机会，就像非洲通信业没有经过固话年代而直接进入移动通信年代一样，非洲电商将跳过纯 Online 的信息平台时代，直接进入创新的线上线下相结合的“数字化新零售”时代。

发展中非跨境电商，既是世界互联网技术发展的趋势，也符合中国和非洲发展的需要。既有巨大的现实战略意义，但也客观地存在不少困难。如何顺应互联网技术发展潮流，结合中国和非洲现实情况，设计出一套行之有效的中非跨境电商发展模式和体系，成为中非经贸发展可持续发展的重要任务。针对如上发展所面临困难及挑战，本文提出如下建议：

（一）设计差异化产业扶持政策以支持平台探索模式并持续创新

由于非洲相对落后，电商平台发展也相对缓慢。而当前各级政府对电商平台的鼓励和支持多从平台的绩效结果进行考量，如用户数、交易量、甚至纳税指标等，很少考虑平台的研发投入、公共服务属性和创新能力建设。这样对投身非洲电商平台的探索、研究、创新和研发的企业而言，是一个几乎无效的激励体系，早期研发型平台企业在以这些指标为参照的系统里，几乎没有竞争优势。或者说，发展中的创新型、研发型企业急需有效的政策支持。事实上，大公司大平台很少或没有投资发展中非跨境电商，Amanbo 算是中非跨境电商领域持续投入和交易量较大的平台了，但是依然不能成为行业示范平台。同样，因为政策制定时主要考评交易结果，未考虑区域差异，甚至未考虑企业对该领域的投入和创新发展的推动价值，所以各种针对电商平台的产业扶持资金也就难以申请。本文建议政府在制定政策时，应多关注企业研发投入及企业创新能力，建立长期发展及支持计划，以帮助平台企业在保证可长远发展的同时积极投入研发创新，以惠及行业及国家的长远目标。

（二）加大对中非跨境电商及数字外贸平台企业的融资支持

任何创新或高新技术研发，前期的资金和时间投入都是巨大的，但是一旦成功，对国家、对产业、对企业都将带来巨大的价值。然而，企业的研发需要持续投入，尤其是中小企业，由于自身资金实力有限，发展和生存矛盾就越发突出，经常在创新研发的进程中由于资金短缺而不得已中断，这对企业和社会发展都是不小的损失和遗憾。当前，国家对中非合作投入巨资，建立了中非发展基金、中非产能合作基金等专项基金，但是基本都是针对当前基础设施建设或产能合作项目的支持，对高新技术产业的投资和支持涉及鲜少。而传统银行等融资方式对企业的经营业绩、利润状况、抵押物等要求较高，平台研发型中小企业通常也难以满足。

由于对非洲市场环境难以把握，市场化的风险投资机构难以对中非跨境电商企业的发展状况加以评估。同时，由于对非洲市场发展的预期较高，行业内几家专门投资非洲电商平台的中国企业融资都不顺畅。与此同时，国内阿里、腾讯等大型互联网企业，认为与其他成熟发达市场相比较而言，非洲市场规模较小，因此目前对该地区电商市场也缺乏投资兴趣。以上种种现状，对中非跨境电商企业、中国企业在非洲发展电商及数字商贸形成了事实上的融资困难。本文建议政府设立专门针对中非合作领域的科技企业的种子基金或风险投资等，以实现对中非合作领域高新技术企业尤其是平台型电商企业的融资支持。

（三）加大对中非商贸及中非电商合作领域专业人才的培养

非洲大陆的复杂性及多样性使得对人力资源的需求也呈现出复杂性和多样性。中非合作的专门化人才的缺乏是影响当前中非合作快速可持续发展的重要因素。国内开展中非商贸领域专业教育的高校寥寥无几，这与中非合作的战略高度和快速发展格格不入。高校培养可保证专业人才的可持续供应，短期培训可快速解决人才的急需。可以中短期结合，政策鼓励高校和企业参与，专业培养与短期培训结合。

同时，青年是世界未来发展的主力军。中非之间国情迥异，发展差异较大，中非青年缺乏充分了解，导致中非合作人才缺乏，合作项目推进乏力，创新创业难以开展。鼓励和支持中非青年合作，开展创新创业，将有力调动社会的主力军，充分发挥青年人的创新能力，解决就业难题，推动中非合作快速发展。具体措施包括对中非青年双创基地的支持和资助、对中非青年创业大赛的鼓励和支持、政府设立中非青年双创基金等。

（四）数字化手段推动“品牌及产业出海非洲计划”

质量是产品立足的基础，品牌是产品增值的外衣。非洲大陆大多数国家目前尚处在品牌发展的初级阶段，各行各业都还有巨大的品牌发展红利。中国民族品牌应该抓紧良机，迅速进入非洲市场，并以非洲市场为跳板，实现国际化壮大发展。同时，非洲产品在中国也几乎是品牌空白，存在巨大的品牌发展空间。相关部门可推动“品牌及产业出海非洲计划”，利用资金、媒体、政策等优势，推出具体举措，推动品牌建设，鼓励产业发展及升级。例如，非洲品牌建设资金支持、委托电商平台开展非洲知名品牌评选活动并给予奖励等。

新冠肺炎疫情背景下，传统的外贸拓展手段如外贸展会（广交会）、国际展会、市场拜访、邀商参观等手段都几乎全部失效，尤其是非洲等新兴市场，因为线上化用户较少，线上交易占比低等现实情况，外贸业务拓展一时间无路可走。而采用 OSO（online + social + offline）立体营销模式及数字外贸平台①，能有效解决当前用户国际业务营销的瓶颈问题，不失为行之有效的解决方案。

（五）鼓励从非洲进口，形成中非双向贸易的协调格局

非洲大陆地大物博，物产丰饶，很多特色产品与国内消费升级需求形成互补。推动对非进口，也完全符合发展中国国际进口博览会的战略以及当前“双循环”战略。具体举措如协调开放更多非洲产品免税清单，支持电商企业建立非洲进口产品展示交易中心，支持企业建立非洲进口电商平台、政策支持进出口外汇对冲、支持建立中非易货贸易平台等。

鼓励非洲进口，尤其是通过电商平台降低进口成本，一方面能丰富我国群众的消费选择、降低消费成本，同时也能帮助非洲国家外汇创收、平衡贸易顺差、提高非洲购买力、增进中非友谊。还可以推动人民币在非洲的国际化进程，化解部分非洲国家的外汇困难问题。在当前中美贸易摩擦不断的背景下，利用跨境电商平台，快速推动中非进出口贸易，不失为一件战略上高度一致、商业上互惠互利的大事和好事。

---

① OSO（online + social + offline）立体数字营销体系是由 Amanbo 经过非洲市场逾 10 年的电商平台研发及运营实践，创新提出的立体数字营销解决方案。无论是国际站的市场推广、贸易撮合或跨境电商交易，还是国家站的本土分销及零售等各个方面，Amanbo 充分考虑到新兴市场的交易结构、客户分布、流量来源及未来趋势，创新地构建了覆盖线上、社交、线下的整套数字营销体系，构建了一整套 OSO 立体引流、商业场景和用户的数字化转化体系，从而实现扩展用户规模、降低渠道冲突、提高渠道效率、促成渠道融合的商业目的。

中非医药产业合作：困境、机遇与实现路径*

张巧文**

摘　要：在新冠肺炎疫情冲击下，非洲国际医药合作意愿空前强烈，大批国际医药企业争相进军非洲市场。中非医药合作已逐步成为中非合作的热点之一，本文通过分析非洲医药领域的困境和产业机遇，为中非医药领域合作明确路径，特别是为中国医药企业项目落地非洲提供可执行方案。

关键词：医药产业；非洲；困境；市场机遇；合作路径

一、引言

当前，我国医药产业正处于跨越式发展和转型时期，产业规模日益扩大，

---

* 本研究是浙江省社科规划课题"'污名化'视角下中国高新技术企业海外合法性困境及应对机制研究"（21NDQN221YB）、浙江省自然科学基金项目"社会网络嵌入、国际知识与企业海外经营合法性溢出关联机制研究"（LQ20G020012）阶段性成果。

** 作者简介：张巧文，博士，浙江师范大学经济与管理学院、中非国际商学院讲师。

优秀企业快速成长，品牌意识逐渐增强，开拓国际市场的愿望日趋强烈。非洲作为具有重大发展前景的医药市场，进入壁垒相对较低，对中国质优价廉的药品和医疗器械需求旺盛。早在 20 世纪 90 年代，上海医药集团在苏丹进行了医药项目的投资，开启了中国制药企业赴非投资的序幕。随后，不断有中国企业进入非洲，开展制药和医疗器械项目的投资。目前，深圳中联、上海复星、深圳迈瑞、人福药业、重庆三圣等企业都已布局非洲。中非发展基金、中葡基金、中铁四局三方联合共同在安哥拉首都罗安达投资兴建医疗产业园。湖南麓谷国际医疗器械产业园有限公司在埃塞俄比亚首都亚的斯亚贝巴开展东非医疗器械产业园建设项目。中国政府积极支持非洲本土医药产业的发展，大力鼓励中国企业投资非洲医药项目，促进中国企业国际化发展的同时，支持非洲本土经济发展，但尚未形成显著的国际竞争力和影响力。

非洲医药产业存在诸多痛点，2020 年初新冠肺炎疫情的暴发再次为非洲医疗体系敲响了警钟。医疗体系的薄弱和医疗资源的缺乏促使非洲积极扩大医药领域国际合作。非洲国家近几年医疗支出大幅增加、医药市场迅速发展、公私合作逐步兴起。在“一带一路”和“双循环”交融背景下，如何精准挖掘并解决非洲医药市场痛点是中国医药企业掘金非洲医药市场的关键所在。

二、非洲医药产业发展的困境及机遇

新冠肺炎疫情的暴发使得国力孱弱的非洲国家陷入发展困境。目前，非洲大陆每年医疗卫生领域资金缺口高达 660 亿美元①，基于严峻的债务困境以及有限的财政收入，非洲政府已经意识到，单靠公共部门的支出以及国际援助不足以支撑非洲医疗系统的良性发展，私营部门的投资必要且紧迫。本文重点围绕医药产业（制药和医疗器械），阐述了非洲在该领域的发展困境

① GBC Health. Financing Africa's Healthcare [EB/OL]. https://gbchealth.org/financing-africas-healthcare/, 2019-01.

与行业机遇，为中非医药合作高质量发展厘清合作难点与重点。

（一）非洲医药产业发展困境

1. 整体医疗体系脆弱，政策资金支持有限

非洲国家医疗体系脆弱，新冠肺炎疫情完全暴露了这种脆弱性。非洲地区经济发展较为落后，大多数非洲国家政府在医疗卫生领域的政策支持资金有限。2001 年，非洲国家在《阿布贾宣言》中对非洲联盟承诺至少将 15% 的国家预算投入医疗卫生领域，而目前在非洲仅有少数国家实现了这一承诺。根据尼日利亚预算监督组织 Budgi 的数据，自 2001 年签署该宣言以来，尼日利亚在卫生方面的支出不到预算的 6%，不及最终目标的一半水平。而乌干达在 2019 ~2020 年仅将 8.9% 的国家预算用于医疗保健领域，甚至低于上一财年的 9.2%。[①] 从整体上看，非洲各国每年的人均卫生支出仅有 12 美元。

2. 医疗保险受众面小，自费保健负担沉重

非洲承担了 24% 的全球疾病负担，却仅有全球 3% 的卫生工作人员和不到全球 1% 的财政资源，其医疗需求远未得到满足。[②] 不仅如此，即使是在已经实施医疗保险计划的国家，仍有很多人未能享受基本的医疗卫生服务。同时，医疗总支出中居民个人的自付费用比例较高。例如，2017 年阿尔及利亚自付费用占卫生总支出的比例将近 33%，这一比例在突尼斯达到 39%，在埃塞俄比亚为 34.4%。[③] 这对一个非洲的普通家庭来说有着灾难性的影响。

非洲医疗保险覆盖面窄。在为数不多拥有国家医疗保险的非洲国家，只有少数人能享受到服务。例如，在加纳，只有 1/3 的人能够通过国家医疗保

① United Nations International Children's Emergency Fund. Health Budget Brief-Uganda [R/OL]. https://www.unicef.org/esa/sites/unicef.org.esa/files/2019-04/UNICEF-Uganda-2019-Health-Budget-Brief.pdf, 2019.

② Anyangwe S C E, Mtonga C. Inequities in the Global Health Workforce: The Greatest Impediment to Health in Sub-Saharan Africa [J]. International Journal of Environmental Research and Public Health, 2007, 4 (2): 93 -100.

③ World Bank Database [DB/OL]. https://data.worldbank.org.cn/indicator/SH.XPD.OOPC.CH.ZS? name_desc = true.

险计划享受医疗保险服务。[①] 尼日利亚的国家医疗保险计划只覆盖不到3%的公民。而南非作为全球私人自愿健康保险支出占保险支出总额比重最高的国家，其私人健康保险只覆盖15%人口。[②]

3. 医疗资源极度短缺，产业配套体系不全

非洲基础设施落后，发展资金不足，本土医药企业生产能力有限，进口依存度高。在撒哈拉以南非洲国家中，除南非、肯尼亚等少数国家外，多数只能生产少数制剂产品，或从事成药包装与贴标签等简单生产。自身生产的药品产量仅能满足当地30%的需求[③]，且只限于不复杂的基本药物，如基础止痛药、抗生素、抗疟药物和维生素等。医疗器械进口依赖度高达90%[④]，诊断设备、呼吸机和基本医疗用品等医疗物资严重短缺。除制造能力薄弱外，非洲本土的医药贸易物流建设也十分落后，多个非洲国家没有真正意义上的医药贸易和流通市场。

非洲工业化进程缓慢，在配套基础设施以及配套生产体系上缺乏足够支撑，产业链上下游断裂，原材料、产品研究、药品和医疗器械生产、商业流通、医疗保健等环节不畅通，严重阻碍了本地化制造的进程，也减弱了对海外投资者的吸引力。

4. 行业从业人员紧缺，高水平人才易流失

实现全民健康覆盖和联合国可持续发展目标所需的全球卫生人力资源存在1450万的缺口，其中非洲区域的卫生人力资源短缺最为严重，估计到2030年将达到610万。在医疗设施中，专业医护人员紧缺，需要治疗的患者

---

① Guiteras R, et al. The Impact of Health Insurance Education on Enrollment in Ghana's National Health Insurance Scheme [R/OL]. https://www.poverty-action.org/printpdf/7151, 2013-05-01.

② Tafirenyika M. It's Time to Rethink Medical Insurance, A Mobile Phone Plan in Kenya Targets Low-income Groups [EB/OL]. Africa Renewal, United Nation. https://www.un.org/africarenewal/node/9884, 2017.

③ The Scinnovent Center. Pharmaceutical Manufacturing in Africa: What are the Knowledge Gaps and Emerging Research Issues? [EB/OL]. https://scinnovent.wordpress.com/2019/02/20/pharmaceutical-manufacturing-in-africa/, 2019-02-20.

④ 郭晓丹．非洲医药期待中国元素［J］．进出口经理人，2013（7）：52-54.

得不到基本的医疗服务保障。在非洲整体医疗产业本就缺乏医疗工作者的情况下，因经济发展差异形成的劳动力分配不平等的现象使非洲偏远农村地区的医疗卫生发展陷入更为艰巨的困境。

与此同时，非洲高素质医务工作者流失严重，大多数受过国家培训的医生为了获得更好的工作待遇和工作条件选择发达国家就业已经成为一种普遍现象。根据世界卫生组织的数据显示，在过去十年中，向经济合作与发展组织（OECD）成员国转移的医生和护士总数增加了60%；从卫生人力资源严重短缺的国家移民到OECD国家的人数比例更高，同期增长了84%。[①]

（二）中非医药合作的市场机遇

1. 医疗改革蛋糕巨大，带来政策红利

国际、区域、国家等层面都释放出支持医药产业本土化发展政策的友好信号。埃塞俄比亚、埃及、肯尼亚、乌干达、尼日利亚、南非等国均出台了支持本国医药工业的发展政策。其中，埃塞俄比亚政府制定了“卫生部门转型计划”，该计划是埃塞俄比亚政府《第二个增长与转型计划（2015/16—2019/20）》（*The Second Growth and Transformation Plan*，GTP II）的重要组成部分。[②] 该计划旨在“通过加强初级卫生保健构想埃塞俄比亚实现全民卫生保健的道路”，通过医疗卫生设施和社区的相互联系提高卫生服务的利用率，以最终实现为所有埃塞俄比亚人提供免费的具有成本效益的基本卫生服务的目标。[③] 在肯尼亚，《2014—2030年国家卫生政策战略计划》将全民健康覆盖

---

① Dumont J, Lafortune G. International Migration of Doctors and Nurses to OECD Countries: Recent Trends and Policy Implications [R/OL]. OECD, https://www.who.int/hrh/com-heeg/International_migration_online.pdf, 2016.

② Global Financing Facility. Ethiopia Health Sector Transformation Plan (2015/16 - 2019/20) [EB/OL]. https://www.globalfinancingfacility.org/ethiopia-health-sector-transformation-plan-201516-201920, 2015 - 10 - 01.

③ Universal Health Coverage Partnership. Ethiopia [EB/OL]. https://www.uhcpartnership.net/country-profile/ethiopia/, 2020 - 07 - 28.

确定为2018～2022年度的优先事项。[①] 在南非，国家卫生部发布的《2015—2020年战略计划》被纳入该国于2011年发布的《2030年国家发展计划远景》。[②]

2. 疾病负担结构转变，酝酿新生市场

非洲疾病负担重，传染性疾病如艾滋病、肺结核等在非洲国家肆虐，非洲国家将本就有限的医疗卫生资源大部分都投入了这类传染性疾病的预防和治疗，而对于癌症、糖尿病、心血管病和其他很多慢性非传染病的患者提供的服务非常有限。部分国家已经表现出“双重疾病负担”特征。例如，在毛里求斯、纳米比亚和塞舌尔，成年人死亡人数中因非传染性疾病死亡的比例超过50%。[③] 因此，用于预防和诊断非传染性疾病的医疗器械以及治疗非传染性疾病的药物需求将越来越大，这为市场投资者创造了良好的发展时机。

3. 本地化制造受青睐，提振投资信心

非洲各国政府已经开始积极行动，采取多样化举措鼓励医药本地化生产，致力于促进高质量、可负担药物的可持续供应和本土生产。根据非洲联盟2019年统计，科特迪瓦、埃塞俄比亚、加纳、肯尼亚、摩洛哥、马拉维、卢旺达、南非这八个国家已经明确将制药行业列入国家中长期发展规划，并予以重点支持。例如，埃塞俄比亚把制药行业在内的七大制造业列入国家“增长与转型计划”；南非把制药行业列入“产业政策行动计划”；肯尼亚将药品及医疗设备生产列为政府引导出口促进计划下的优先行业。[④] 当前，非洲医药业产能不足，市场上供需矛盾突出，投资空白区大，加快本国医药工业发展、提升药品生产制造能力已经越来越成为非洲国家的广泛共识。非洲各国

---

① Universal Health Coverage Partnership. Kenya [EB/OL]. https://www.uhcpartnership.net/country-profile/kenya/, 2020-07-28.

② Universal Health Coverage Partnership. South Africa [EB/OL]. https://www.uhcpartnership.net/country-profile/south-africa/, 2020-07-28.

③ World Health Organization. African Noncommunicable Diseases [EB/OL]. https://www.who.int/nmh/ncd-tools/who-regions-african/en/, 2020-07-28.

④ 中国医药保健品进出口商会.2019年度中非合作医疗报告 [R/OL]. http://images.mofcom.gov.cn/ml/202005/20200520041237963.pdf, 2020-03.

政府采用了价格限制及进口限制政策来鼓励当地药品制造业发展，这为跨国制药企业直接投资非洲营造了良好的发展空间。

4. 中产阶级市场扩张，拉动医疗消费

医疗是社会升级消费的重要领域。随着非洲国家富裕程度的提高，正在形成的中产阶级需要更高水平的医疗服务和更好的医疗条件。根据非洲开发银行的估计，2060 年整个非洲大陆的中产阶级人口将增加至 11 亿，约占总人口的42%。① 自 1980 年来，这一数字一直在稳步上升，1980 年非洲中产阶级人口约为 1.26 亿，约占总人口的 27%；到 2010 年的 3.5 亿，占总人口的 34%。1980～2010 年，非洲中产阶级平均增长率为 3.1%，高于总人口的平均增长率 2.6%。② 从消费需求分析，中产阶级本身就是可靠稳固的消费者基础，可支配收入更高、产品购买力更强。中等收入群体的扩大会增加卫生支出，有力地推动非洲医药产业的发展壮大。

5. 数字医疗或成潮流，扩宽服务受众

自 2000 年初以来，非洲不断开放对卫生创新和产品开发的私人投资项目。其中，数字医疗产业的项目数量持续增加，各国政府和私营部门积极为数字医疗涉及的基础设施建设进行大量投资。目前，包括南非在内的多个国家都开发了针对移动设备及电脑的医学 App，促使居民能通过互联网来自行诊断普通疾病，因而达到减缓医疗压力的目的。非洲最大的非营利性组织——非洲医学和研究基金会（Amref），通过有效利用数字化工具为整个肯尼亚卫生系统的数千名卫生工作者提供培训。新冠肺炎疫情大流行下，该机构与非洲国家卫生部门、非洲疾病控制和预防中心以及世界卫生组织进行合作，利用创新性的数字医疗技术（即移动学习平台 Leap）在肯尼亚开展了为

① African Development Bank. Africa in 50 Years' Time: The Road Towards Inclusive Growth [R/OL]. https://www.afdb.org/fileadmin/uploads/afdb/Documents/Publications/Africa% 20in% 2050% 20Years% 20Time.pdf, 2011-09.

② Africa Development Bank. Market Brief—The Middle of the Pyramid: Dynamics of the Middle Class [R/OL]. https://www.afdb.org/fileadmin/uploads/afdb/Documents/Publications/The% 20Middle% 20of% 20the% 20Pyramid_The% 20Middle% 20of% 20the% 20Pyramid.pdf, 2011-04-20.

期两个月的卫生工作者培训活动。①

三、推动中非医药高质量合作的路径

后疫情时代，医药领域国际合作成为热点，中国医药企业也开始寻找新市场拓展海外版图，在人口众多但医疗资源缺乏的国家设立生产线以占领海外市场，而非洲医药领域必将成为中国以及国际对非投资高地。

（一）自建或入驻产业园区，实现产业链集体出海

第一，中资医药企业进军非洲时可以采取“抱团战略”，实现产业链上下游企业一起“走出去”，在南非、埃塞俄比亚、埃及、肯尼亚和塞内加尔等基础设施、医药专利制度或产业园区建设等方面具备相对优势的国家，共同成立综合性、具备一定规模的产业园区，降低投资风险，形成优势互补，合力开发市场；或者根据企业目标市场和产业特性有选择地入驻非洲国家已有的产业园区，例如，埃塞俄比亚东方工业园或是即将建成的基林托工业制药园和麓谷国际医械园、南非杜贝贸易港经济特区等，巧借产业园区平台政策优势、基础设施优势、产业配套优势，推动医药产业的产能合作。

第二，在投建或入驻产业园前，企业应当深入了解当地对产业园以及入驻企业的优惠政策，摸清该国、该地区以及该产业园区上下游产业的分布情况，关注医药产业链布局的整体性。物流体系是目前非洲较为薄弱的一个环节，对于制药企业而言，完善药品供应链布局，提升药品供给效率至关重要。企业可以投资或建设物流枢纽或者寻找强大的物流合作伙伴，并合理布局建立医药贸易中心和仓储库房，以便于药品的分装和转口贸易，从一定程度上降低成本，提高供给效率。与原料药、药物研发、药物制造乃至包装物流等

① Ameref Health Africa. Amref Partners with Kenya's Ministry of Health on COVID-19 Response [EB/OL]. https: //amrefusa. org/news/amref-partners-with-kenyas-ministry-of-health-on-covid-19-response, 2020-03-11.

上中下游企业构建完整的医药产业链，提升中国医药企业在非竞争力，实现“1 + 1 > 2”效应，实现效益最大化。

（二）打造“非洲药房”，推动仿制药、疫苗布局非洲

第一，中国制药企业可以仿制药为重点，选择基础设施、药物制造、产业园体系或出口辐射能力较为领先的南非、尼日利亚、肯尼亚、埃塞俄比亚，以及北非的埃及、摩洛哥、阿尔及利亚等国为先行示范国进行布局，并凭借当地政府在专利制度、监管制度和国际协调等方面对仿制药的支持，以上述国家为枢纽，打造向整个非洲大陆输出药物的“非洲药房”。

第二，中国必须把握当下的空档期，抢先布局非洲疫苗产业，由此带动其他医药产业走进非洲。非洲对疫苗需求大且严重依赖进口，中国作为目前世界上最大的疫苗生产国，应把握本次疫情期间率先研发出疫苗的优势，注册生产符合 GMP 认证标准和当地监管要求的疫苗，打破被西方国家及其药业巨头控制的非洲国家疫苗市场格局，做大做强在非疫苗产业，满足非洲国家疫苗多元化以及价格亲民化的现实诉求。中资企业在进行非洲疫苗布局时，可以选择黄热病疫苗和肺结核疫苗较为成熟的塞内加尔和南非，已经研发出卡介苗和狂犬病疫苗的突尼斯，可以进行疫苗的试验与填充的埃及等疫苗产业基础扎实的国家为切入点。

（三）发挥数字经济优势，打造非洲智慧医疗体系

第一，建议在投建医药企业之余，重视建设或融入非洲智慧医疗体系。智慧医疗体系应该涵盖远程门诊和急诊类、远程会诊类、远程静态医学影像、诊断类、远程治疗类、远程手术指导类和其他远程医疗（包括心理治疗）等服务。借助互联网和信息技术，建设中非远程医疗协作网络，实现中非各类医疗机构协同作业。一方面，智慧医疗体系可以整合非洲各大医院和医生资源，为偏远地区的非洲民众提供更及时、更专业的医疗服务和咨询；另一方面，可以连通中国优质医疗资源，帮扶专业能力较弱的非洲医疗机构，构建

中非医院和医师之间的协同医疗和转诊体系，开展临床研究合作、重大传染病防控等业务合作与技术帮扶，促进中国优质医疗资源在非洲国家的有效下沉，带动非洲各国特别是医疗资源匮乏地区医疗技术供给能力的提升，逐渐建立起中非重大疾病的远程协助体系。

第二，医药企业可以利用智慧医疗体系开展专科医生规范化培养，进行医护人员的在线培训，促进中非医疗人才的技术交流。既为非洲培训更多的医疗服务工作者，提升非洲医疗服务水平，又丰富了中国的对非医疗援助，加深了对非医疗技术服务深度，呈现出更为立体多维的医疗援助体系。建议医药企业有规划地构建大数据医疗平台，推动医疗服务电子化、数据化、系统化，为医药研发创新提供可靠的数据支撑，为医疗技术的提升提供更丰富的案例支持。

（四）推动医药标准互联互通，实现市场准入畅通

与欧美等发达国家以及印度等新兴发展中国家相比，中国药品、医疗器械在非洲的认可度不高，制约了中国在该领域与非洲的经贸合作潜力。

一方面，中国医药企业应实时关注非洲目标市场医药领域的管理规定和相应的配套技术文件，掌握各国药品、器械等相应的管理和技术要求，并按要求开展相应的技术储备工作。“打铁还需自身硬”，唯有企业以高标准、高品质、高规格要求自身，做大做强，才能在非洲市场乃至全球市场取得话语权，提升溢价能力。目前，欧美、日本、澳大利亚等国家和地区具有完整的医疗器械管理体系，故中国企业应以高标准和高要求，按照欧美的管理要求提升产品的质量和性能，建立与国际接轨的质量保证体系。同时，密切关注东道国的卫生部门、医药监管部门、标准局等政策动向，严格遵循它们发布的注册标准或监管要求。

另一方面，积极参与相关专业性国际/区域组织的标准化相关活动，与南非等标准化发展程度较高、具备标准制定能力且在国际标准领域具有一定参与度的非洲国家合作，共同开展国际标准研究，共同制定国际标准，提升标

准国际化水平。同时，推动与南非开展医疗产业的标准化论坛，在标准化需求和标准化重点工作等方面展开交流和讨论；合作举行医疗领域各类技术标准化分论坛，在各自技术领域的技术热点、标准化重点工作及标准应用实践中进行探讨和交流。

（五）开展“本土化”战略，提升企业社会认可度

中资医药企业在非洲本地化过程中，不可忽视社会责任的履行。相较于欧美企业，中国企业在这方面饱受诟病：一方面，是由于西方国家和媒体的无端抹黑；另一方面，基于文化和制度距离，中国企业社会责任管理理念和行为模式与非洲国家存在着不少的差异。

第一，中资企业在进行医药投资和贸易之余，应该参与当地投建医院以及相关基础设施，增加企业附加价值，帮助提升非洲国家卫生水平，积极履行企业的社会责任，树立企业的品牌力。依托强大的品牌力和积极的影响力，中国医药企业可以更稳固、更快速地在非洲医药市场扎根。

第二，企业发展过程中应实施人才本土化策略，雇佣非洲当地医药、销售等各方面人才，提升对非洲医务工作者教育培训力度。可在当地建立非洲医护人员培训基地或者与当地医院合作，根据非洲各国医疗卫生状况和医护人员的水平，分批次、有重点地进行理论指导和实操培训。同时，可与非洲国家分享中国卫生研发技术经验、生产低成本和高质量医药产品的技术，以及为全民提供医疗保健服务为目标的医疗改革经验。

南非医疗领域发展与中国企业投资对策研究

刘钊轶*

摘　要： 本文通过梳理南非医疗卫生体系的历史和现状，进一步把握南非医疗投资环境。同时从中国企业对非投资发展的角度出发，解读现有已在南非落地的中国医药企业的现状和困境。在此基础上，分析未来中国医药企业在南非发展的投资对策。

关键词： 南非医疗体系；医药投资；投资对策

一、南非的医疗系统发展历史

世界卫生组织对医疗系统的定义是“所有以改善国民健康为主要目标的人和行为的总和”①。但世界各国的医疗系统却很少是理性的经验和决策的产物，更多是其历史发展的独特结果。② 诸如南非这样的国家，其医疗系统就真实地反映了该国的历史、文化、政治以及其财政管理和经济能力。③

---

* 作者简介：刘钊轶，博士，浙江师范大学非洲研究院南非分院负责人、南非科萨王国国家顾问。

① World Health Organization. The World Health Report 2000: Health Systems—Improving Performance [R]. 2000.

② Katuu S. Healthcare Systems: Typologies, Framework Models, and South Africa's Health Sector [J]. International Journal of Health Governance, 2018, 23 (2): 134 - 148.

③ Van Rensburg H C J, Pelser A J. The Transformation of the South African Health System [M]//van Rensburg H C V. Health and Health Care in South Africa. Pretoria: Van Schaik Publishers, 2014: 109 - 170.

南非医疗卫生政策的历史与该国的国家发展史有着千丝万缕的联系。以南非医疗卫生政策和立法为主线，其医疗发展共分为七个不同的历史阶段①：

第一阶段是1919年之前，第一部医疗卫生法案出台，为其国家医疗发展打下了法理基础。

第二阶段是1919~1940年，南非第一部具有国家管辖权的医疗卫生立法出台，可视为其国家医疗体系发展的起步。

第三阶段是1941~1950年，这一阶段的特点是南非医疗部门的迅速发展，南非的医学研究开始与世界发达国家尖端医学接轨，蓬勃发展。

第四阶段是1951~1990年，种族隔离制度对南非医疗产业公共部门的组成和功能规划造成了严重的恶性影响。

第五阶段是1991~1993年，从种族隔离制度衰落的过渡时期，直到民主选举的开始，国家开始重新规划公共医疗卫生部门，为之后的公私部门分开的医疗体制打下了基础。

第六阶段将是1994~2003年。南非医疗产业最根本的变化发生在1994年，当年南非开始实施全国性普选，彻底完成了民主制转变。② 1996年南非新宪法③同时还规定，国家和省级政府在医疗卫生部门同时具有立法权。④

第七阶段是2004年至今，现代医疗产业进一步发展和变革⑤，南非政府颁布了《国家医疗卫生法》（*National Health Act* [No. 61 of 2003]）⑥，确立了

---

① Van Rensburg H C J, Harrison D. History of Health Policy [M]//Harrison D. South African Health Review. Durban: Health Systems Trust, 1995: 95-118.

② Giaimo S. Reforming Health Care in the United States, Germany, and South Africa: Comparative Perspectives on Health [M]. New York: Springer, 2016.

③ 南非共和国宪法由宪法委员会于1996年10月11日通过，由宪法法院于1996年12月4日确认，并由纳尔逊·曼德拉总统于1996年12月10日签署。自其被通过以来共修改16次，最新于2009年修改。

④ South Africa Government. Constitution of the Republic of South Africa (Act 108 of 1996) [R/OL]. www. gov. za/sites/www. gov. za/files/Act108of1996s. pdf, 1996.

⑤ Katuu S. Managing Records in South African Public Health Care Institutions: A Critical Analysis [D]. PhD, University of South Africa, Pretoria, 2015.

⑥ South Africa Government. National Health Act (Act 61 of 2003) [EB/OL]. www. acts. co. za/national_health/index. html, 2003.

所有南非人无论任何种族都应享有不可剥夺的健康权；儿童有权获得基本营养、住房和社会服务。《国家医疗卫生法》详细阐述了结构化的国家统一医疗卫生系统框架，同时还规定了宪法和其他地方法律对国家、省和地方政府在医疗卫生服务方面的义务。① 2012 年新的国家健康保险基金政策（NHI）的推出更意味着国家将广大穷苦民众平等获得医疗卫生保健的权利正式提上了日程。

目前，南非划分为 9 个省。全国共划分有 44 个地区委员会、226 个地方委员会和 8 个大都市。② 南非为三层级医疗卫生系统：国家卫生系统、省级卫生系统和地区卫生系统。③ 为了使这些系统无缝运行，南非通过省、地区和市之间的需求和协商提供行政、财务和配套支持服务。④

二、南非医疗领域现状及相关监管制度

（一）南非的医疗领域发展现状

由于南非近代史上的种族隔离制度，该国医疗保健系统的治理在纵向和横向上都是分散的，再加上资源管理不善，南非国家健康状况的改善进程缓慢，有效的医疗服务资源紧缺。由此引发了南非医疗健康领域的三大困境：医疗资源分散化、资源分配不平等以及侧重于治疗性服务而不是预防性服务。⑤

① South Africa Government. National Health Act（Act 61 of 2003）［EB/OL］. www. acts. co. za/national_health/index. html，2003.

② 商务部国际贸易经济合作研究院，等．对外投资合作国别（地区）指南——非洲（2020 年版）［R/OL］. www. mofcom. gov. cn/dl/gbdqzn/upload/nanfei. pdf，2020 – 12.

③ Rapakwana N J. Client Satisfaction With Regard to Accessibility of Primary Healthcare Services in Molemole Municipality of Limpopo Province［D］. Masters，University of South Africa，Pretoria，2004.

④ Geyer N，Mogotlane S，Young A. Juta's Manual of Nursing，1，Cape Town：Juta and Co. Ltd.，2009.

⑤ Department of Health（South Africa）. National Service Delivery Agreement：A Long and Healthy Life for All South Africans［R/OL］. www. health-e. org. za/wp-content/uploads/2013/05/3771ccea0610904ff0c3de0f09f210391. pdf，2010.

首先，过去南非的种族隔离制度根据人种指定特权，使南非形成了一个由14个不同的运营卫生当局组成的国家医疗保健系统，其中10个是黑人自治地区，4个是白人自治地区。这意味着在该国有14个独立的卫生部门在分别运作，导致效率低下和资源浪费，并导致了医疗资源的分散化。① 而这样的情况直至今日都依旧存在。

其次，南非的医疗保健行业资源分配不平等。南非的医疗保健系统分为两个平行的部门——公共部门和私营部门，但私营部门拥有比公共部门更多的财政和人力资源。② 2019年统计数据表明，南非大约80%的人口依赖于公共医疗健康服务，而仅有20%最富有的人口能够承受昂贵的私营医疗健康服务，③ 这导致了两种医疗资源的严重不平衡。即使在南非新民主制的前二十年中，高度发达的私营医疗健康部门与落后的公共医疗卫生服务之间仍然存在着巨大的鸿沟。④ 随着社会不平等的持续加深，私营医疗健康部门变得愈加富有，而公共医疗卫生部门却仍旧缺乏必要的人力资源和财政支持，无法为寻医问药的大多数人口提供优质的护理。⑤ 而且这些公共医疗健康部门设施的地理分布和功能设计也存在严重缺陷，例如，在统计上来说，南非共有9个省级医疗卫生部门，而各省内公共医疗卫生部门按地区编制共有52个医疗卫生区，包括16家三级医院、698家专科医院、55家地区医院（regional hospital）、254家区级医院（district hospital）、282家社区卫生中心和3075

---

① Gray A, Riddin J, Jugathpal J. Health Care and Pharmacy Practice in South Africa [J]. Canadian Journal of Hospital Pharmacy, 2019, 69 (1): 36 - 41.

② Schneider H, Barren P, Fonn S. The Promise and the Practice of Transformation in South Africa's Health System [M]//Buhlungu S, Daniel J, Southall R, Lutchman J. State of the Nation: South Africa 2007. Cape Town: HSRC Press, 2007: 289 - 311.

③ National Department of Health. Learn More about How to Access Public or Private Healthcare in South Africa, Including Where to Find Information on National Health Insurance [R]. A Guide to Healthcare in South Africa, 2020 - 10 - 30.

④ Thiede M, Mutyambizi V. South Africa [M]//Preker A S, Zweifel P, Schellekens O P. Global Marketplace for Private Health Insurance: Strength in Numbers. Washington. DC: World Bank, 2010: 189 - 209.

⑤ Shisana O. A National Health System: Opportunities and Challenges for South Africa [M]//Botha C, Hendricks M. Financing South Africa's National Health System through National Health Insurance: Possibilities and Challenges. Cape Town: Human Science Research Council, 2008: 1 - 6.

家初级保健诊所，[①] 这些数据看起来很正常，但是因为国家预算和拨款不足，公共医疗诊所和医院往往只能集中修建在城市地区，这让为数众多的农村人口根本无法及时得到医疗救助，或是需要长途旅行才能找到医疗服务站点。再加上这些公立医院和服务中心的医疗设备往往处于陈旧或坏损状态，药物短缺和人员不足等问题的长期存在，也为广大民众就医埋下了隐患。

而与之相对的是南非的私营医疗健康部门，医疗资金充沛、从业者众多，它们把控着南非最高级和优良的医疗技术和资源，收入颇丰（诊治费用高昂）。目前，南非大约有 300 家私立医院和诊所，[②] 其中最大的医疗机构是三家大型医疗集团：Netcare、Mediclinic 和 Life Healthcare，它们控制着国家 75% 的医疗市场。[③]

据统计，2019 年南非的医疗卫生行业有 252650 多名注册从业者，他们分散工作于 790 个公共医疗单位和 524 个私营医疗单位。[④] 南非拥有庞大有力的私营医疗网络，包括数量庞大的优秀医生、专家和诊所。得益于南非历史上曾有过的辉煌经济和科技发展史，南非的医疗卫生科技水平至今都位于世界发达国家之列。平均下来，每位公共医疗单位的医生每个月需要接诊 2457 名病患，而每位私营医疗单位的医生仅需接诊 429 名病患，[⑤] 但私营医疗单位的医生收入却远远高于公共医疗单位的医生收入。[⑥]

---

① Gray A, Riddin J, Jugathpal J. Health Care and Pharmacy Practice in South Africa [J]. Canadian Journal of Hospital Pharmacy, 2019, 69 (1): 36 -41.

② Discovery Health presentation at the Health Market Inquiry Seminar, 2019 -04 -09.

③ Dorrington R, Bradshaw D, Laubscher R, Nannan N. Rapid Mortality Surveillance Report 2017 [R]. Cape Town: South African Medical Research Council, 2019.

④ Mediclinic presentation at the seminar organised by HMI, 2019 -04 -09.

⑤ Discovery Health post-seminar submission to the HMI, 2019 -04 -26.

⑥ Department of Health (South Africa). National Service Delivery Agreement: A Long and Healthy Life for All South Africans [R/OL]. www. health-e. org. za/wp-content/uploads/2013/05/3771ccea0610904ff0c3de0f09f210391. pdf, 2020.

最后，南非医疗卫生服务的提供结构一直偏向于治疗性服务，而不是诸如提供清洁水源和卫生教育等预防性服务。[①] 这种医疗结构问题可以追溯到20世纪初，当时南非国家卫生部门仅负责提供公共治疗服务，而负责环境和预防性卫生服务的地方当局则需向美国卫生部报告。[②] 直到1940年，南非才开始尝试建立以社区为基础的保健中心，发展自己的健康教育和卫生防护工作，从而试图将治疗护理和预防保健同步整合并落实到社区综合医疗方案中。[③] 然而南非医疗机构惯有的体系并不能支持这种结构性变革方案的实施，最终在1960年该变革方案宣告失败。[④] 于是偏向于提供治疗服务的医疗体系在贯穿了南非整个种族隔离时代之后一直持续到了现在。[⑤] 目前，南非的注册执业医生数量有限，其中大多数居住在城市地区，在私营医疗健康部门工作，并主要集中于治疗医学。[⑥] 这意味着，南非的疾病防控意识和能力不足，很多通常可以避免的疾病都在不知不觉中传染并流行，于是循环性导致全国性的医疗压力和支出的剧增。[⑦]

为了应对这些挑战，政府推出了国家健康保险基金政策。自2012年起在14年间分阶段实施，旨在通过改革的手段改善服务南非医药健康产业结构和供给，并为该国所有收入等级的公民提供优质的医疗保健服务。[⑧] 该政策推

---

① Cullinan K. Health Services in South Africa：A Basic Introduction ［EB/OL］. www. health-e. org. za/2006/01/29/health-services-in-south-africa-a-basic-introduction，2006.

② Naidoo S. Local Government Restructuring ［M］//Barron P. South African Health Review. Health Systems Trust，Durban，1997：53－58.

③ Van Rensburg H C J. National Health Care Systems：Structure，Types and Dynamics ［M］//Health and Health Care in South Africa. Pretoria：Van Schaik Publishers，2004：1－44.

④ Hunter J. Foreword ［M］//Barron P，Roma-Reardon J. South African Health Review. Durban：Health Systems Trust，2008：i.

⑤ De Haan M，Dennhill K，Vasuthevan S. The Health of Southern Africa ［M］. Cape Town：Juta and Co. Ltd.，2005.

⑥⑦ Department of Health （South Africa）. National Service Delivery Agreement：A Long and Healthy Life for All South Africans ［R/OL］. www. health-e. org. za/wp-content/uploads/2013/05/3771ccea0610904ff0c3de0f09f210391. pdf，2010.

⑧ Minister of Health. Draft Medical Schemes Amendment Bill ［R］. Government Notice No. 636，Government Gazette No. 41726，2018－06－21.

出的主要目标是解决公共部门财政资源分配中的不平等问题、促进有效提供优质医疗卫生服务、改善医疗服务的交付体系（包括升级和重建公共医疗基础设施等）、并解决南非重大流行疾病为国家和社会带来的沉重负担。①

同时，国家健康保险基金政策希望将南非医疗卫生保健的重点从疾病医治转向提升大众健康水平和预防疾病。这意味着医疗服务和教育的推广以及基层医疗保健中心的大幅增加。目前，南非政府正在对不少医疗机构进行翻新和重建，以期尽快达到医疗保健部门的转型。国民健康保险目前正在10个试点地区推出。这些试点的实验结果将为有关省和地区卫生当局提供参考，以确定对与国民健康保险相关的重大服务进行改进的方向和重点。

（二）南非医药管理制度

与南非医药管理直接相关的国家机构是药物管制委员会（MCC），负责履行药物和医疗器械审查和批准的职责，以确保所有非注册药物和注册药物对新适应症的临床试验均达到安全、高质和有效的标准，② 以及批准在某些特殊情况下未注册的药品发行（南非1965年第101号法令第21条规定，药物管制委员会可以授权出售未经注册的特殊用途药品）。③ 南非卫生部于2008年创建了一个新的监管机构——南非医药保健产品监管局（SAHPRA）④，其监管范围将比药物管制委员会广（药物管制委员会继续行使职能并接受医药保健产品监管局的领导和监督），主要负责监管药品、生物制剂、医疗设备、体外诊断、辅助药品、食品和化妆品。南非医药保健产品监管局加强了对医疗器械的管制力度，并制定了许多关于医疗器械的法规，包括生产许可、设

① Minister of Health. Draft National Health Insurance Bill ［R］. Government Notice No. 635，Government Gazette No. 41725，2018－06－21.

② Expatica. A Guide to Healthcare in South Africa ［EB/OL］. https：//www. expatica. com/za/healthcare/heathcare-basics/healthcare-in-South-Africa－105896/，2021－09－01.

③ South African National Department of Health. White Paper on National Health Insurance ［R］. Pretoria：NDoH，2017.

④ South African National Department of Health. Statistics South Africa，South African Medical Research Council，ICF. South Africa Demographic and Health Survey ［R］. Pretoria：NDoH，2019.

备分类和标签管理规定等。尽管这些新法规的出现给医疗器械制造企业带来了更多审批负担，但这些法规也确保了南非境内使用的所有医疗药品和医疗器械的安全性和有效性。

1. 南非医药用品质量监管

南非现在还在沿用1965年的《药品及相关物质法》（1965年第101号法案），药品和医药器械的制造商、进口商、出口商、批发商和分销商必须持有许可证，并且持有许可证的企业还必须遵守《良好生产规范》（GMP）并达到南非医药保健产品监管局规定的标准，[①] 以保证其药品和医药器械的生产质量、安全性和有效性达标。

2. 南非药品流通渠道

南非有两种主要的药品供应和分销渠道——公共部门和私营部门。公共医疗健康部门仅占全南非所有药品价值的30% ~40%，[②] 而私营医疗健康部门的药品供应约占全南非所有药品价值的60% ~70%。[③]公共医疗健康部门提供给民众的许多药物都是仿制药，这样可以在疗效不变的情况下大大缩减国家开支。私营医疗健康部门的主要收入来自私营医疗保险或其他私营部门的卫生保健企业资助。

3. 南非医药产品定价体系

南非卫生署定价委员会是法定的医药产业价格制定机构，药品单价取决于国家上一年度的平均消费者价格指数、药品生产者价格指数、汇率变化、国民购买力、药品稀有度、国际药品价格和药品质量。

4. 南非药品制造和销售的注册和许可证

在南非销售的所有药品都必须在药品监管局进行注册。[④] 企业在注册后所做的任何更改都必须重新获得药物管制委员会的批准。制造、测试和包装

① Minister of Health. Draft National Health Insurance Bill [R]. Government Notice No. 635, Government Gazette No. 41725, 2018 -06 -21.

②③ Expatica. A Guide to Healthcare in South Africa [EB/OL]. https://www.expatica.com/za/healthcare/heathcare-basics/healthcare-in-South-Africa-105896/, 2021 -09 -01.

④ Mediclinic presentation at Health Market Inquiry seminar, 2019 -04 -06.

药物的工厂也必须经过药物管制委员会的检查和批准，药物管制委员会可能还会定期测试药品及其档案，以确保有效性和真实性。

三、中国企业在南非医疗领域的发展现状及挑战

（一）中国医药企业在南非的基本情况

中国是世界上最大的原料药出口国。南非对中国的药品进口约48%是原料药，约合1994万美元（2017年）。① 南非对中国药品核心原料的进口都是由南非阿斯盘（Aspen）和阿道克因格朗（Adock Ingram）这样的跨国大企业把控，它们通过自己在中国的部门或关联企业进行直接采购并运回南非进行加工生产。这种医药进出口方式的显著特点是买方全程把控，中间商可参与的空间极其有限。

中国成品药在南非的推广目前主要是集中在中草药和中成药这一类上，在南非被列为治疗补充药类，和南非本土的传统医药同列。2002年中成药就开始被允许在南非注册备案和销售，但南非卫生部在2014年又增加了新的药品管理法，设置了更加严格的注册条件，并要求之前备案的中药产品重新进行注册，给中药在南非落地和发展加高了门槛。再加上目前南非主流医疗系统对中成药的使用和治疗的认可度依然不高，而且中成药在南非的开架销售渠道极其受限，让很多想来南非投资的中药企业感到困难重重。

根据中南经贸协会秘书处信息，截至2020年10月，在南非正式落地并以自有品牌成功运营的中国医药企业有两家，分别为天津天士力及深圳迈瑞。天津天士力南非分公司于2002年成立于南非约翰内斯堡，主营健康产品，有明确的市场定位、渠道拓展手段以及自主营销网络架构，将其产品和南非的中高级消费群体的生活方式做出了精准绑定。在销售方式上，天士力注重利

① UNAIDS. 21 Country Reports, South Africa [R]. 2017-06-20.

用当地人士做本地化的培训，有效利用南非社会传统的社交性和聚会习俗，做出了大胆而成功的市场尝试。而深圳迈瑞作为中国最大的医疗器械制造商，于2001年进入南非，并于2014年在南非约翰内斯堡开设公司，主推产品为电子诊断设备。根据迈瑞医疗2019年发布的年报，南非市场在迈瑞的出口业务里排第17位，占全年总出口贸易额的0.57%，约合3973万元人民币。[①]迈瑞利用与南非本土医疗产业供应商的合作，将传统医疗器材供应和独立销售结合，在南非建立起了良好的本土化推广渠道，并与Netcare医疗集团建立起长期稳定的合作关系。

另外，国药代表企业北京同仁堂也曾在2016年尝试着进入南非，后收购了南非约翰内斯堡、比勒陀利亚、德班三地的6家中医药门店，曾共同经营“北京同仁堂非洲有限公司”。北京同仁堂非洲有限公司尝试用以针带药的方式，将坐诊、配药等服务相结合为南非市场提供医疗方案，也明确提出了在南非落地种植、教育培训、开设医院等全产业链布局。但从2019年开始，同仁堂在南非的经营活动减弱，2020年基本退出了南非市场。

（二）投资南非医疗产业可能遇到的困难

南非的医药行业向外国投资者正常开放，外资医药企业进入南非不需要政府额外批准，投资额度也没有限制。外资医药企业进入南非可以注册新企业、开发老企业新产能或接管南非现有的医药企业。但外资企业必须在税务局注册，还必须任命一名南非居民（或南非绿卡持有人）作为公司的法定代表，并任命一名南非审计师和/或法律顾问代表。

第一，进入壁垒，包括投资和起始规模不足引起的成本劣势、投资早期失败引起的埋没成本问题、新品牌进入南非抢夺市场需要大量市场经费问题、技术专家和工人的早期资源积累问题和进入南非医药系统和销售网络的难点等。

---

① 深圳迈瑞生物医疗电子股份有限公司2019年年度报告［R/OL］. https：//data. eastmoney. com/notices/detail/300760/AN202004011377377873. html，2020－04.

第二，南非有着十分严格的医药产业监察体系，对申请企业要求提供海量文件和第三方报告，还往往需要实验室审核，直接造成药品注册和审批困难并且耗时漫长。

第三，中国企业所固有的经营模式和理念往往和南非市场的实际有着实施性差异，很容易因为与南非现实医疗健康产业不相兼容而失败。

第四，中国企业进入南非的思路往往是贸易先行，同时在本地寻找可靠的“同路人”或者说是“引路人”。因此本地合作人或合作商的质量、合作间的共识，都成为影响中国企业在南非发展的重要影响因素。

第五，中国企业对南非经商环境的不了解经常引起劳工纠纷和法律法规问题。在落地前对投资目的地的尽职调查对中国出海企业的生存和发展都至关重要。

四、中国企业在南非医疗领域的投资发展对策

南非对国际医药市场在原料药、诊断设备以及医用耗材等方面都有较大的进口需求，尤其在新冠肺炎疫情中和后疫情时代对防疫抗疫医药制品的需求巨大，而且因其在非洲经济上的“领头羊”地位，对中国的医药企业来说，在南非投资可成为一个非常重要的战略部署——如能成功进入南非市场，就基本打通了南部非洲市场乃至通往其他世界市场的新渠道。但是南非拥有全球公认的非洲最成熟、体系最完整、监管最严格的医药市场，其医药产业的严格规范性导致它并不是一个中国企业易于切入的市场。

第一，对南非作为投资目的地的尽职调查是关键和必要的。中国企业带着悠远的中国文化与雄厚的经济实力来到遥远的非洲大陆最南端，必然希望在这里取得傲人的成绩并获取丰厚的利润。而南非对中国企业来说是一个全新且陌生的国度，人们操着不同的语言、秉承着不同的文化习俗、市场品位和消费习惯与中国差异巨大、用工市场纷繁复杂的法令法规、国家政府对于各产业投资的禁忌和扶持也各不相同。南非复杂的近代历史文化运动深深地

影响着其社会政治经济现状，这是很多中国投资人不熟悉的领域并且认为这种营商环境问题可能并不会对企业投资有太多影响。事实恰好相反，近年来，中国企业在南非由于环境适应性不足而投资失败导致提前终止或撤回投资的案例并不少见。

第二，工人技术短缺是在南非的中国企业最经常面临的问题。教育不足和不平衡现象是种族隔离遗留下来的后患，[①] 导致南非的有色人种教育水平低下、得到技术培训的机会也少，所以现在南非劳动力市场上技术人员短缺现象非常严重。很多中国企业无法觅到能胜任岗位的当地员工，只好从中国外派技术骨干，并同步实施南非本地员工培训。但中国外派人员工资水平往往高于当地员工，容易造成运营成本增高和企业内部人员间的不和谐；而且，不少南非员工会要求在培训结束后涨工资，否则就跳槽离职，增加了企业的经营成本和风险。

第三，劳工纠纷是不少在南非的中国企业谈虎色变的问题。南非劳工法规定，雇主必须有强有力的理由才能解雇员工，同时，雇主解雇员工，必须遵循公正合法的程序，拿到确凿证据，书面通知雇员并举行“内部违纪听证会”。只有在听证会主持人（雇主或者第三方公证人）认定所有证据有效的情况下，才能对雇员进行解雇。如果企业不严格按照程序执行解雇，那么可能会被当地员工状告到 CCMA（调节和仲裁委员会），这会给企业带来经济损失并引起劳工关系恶化，继而引发社会舆论危机。

第四，品牌认知是企业竞争力的一种体现，特别是在消费能力不高的南非市场。南非消费者喜欢根据品牌背后的文化标签来决定购买行为。进入南非市场的中国企业都希望其产品或服务能被南非人民广泛认可和接受。但现阶段在南非提起中国商品，除了华为和海信这样的大品牌，南非民众对中国制造的理解还停留在早年间那些漂洋过海的中国廉价而质量较差的小商品阶段，“便宜不耐用”成了中国商品的代名词。要转变这个观念，需要中国企

① STATS SA［DB/OL］. http：//www. statssa. gov. za/? page_id = 737&id = 4 = 4，2019 - 10 - 02/2019 - 12 - 20.

业不懈努力，不仅要在品牌落地时更接地气，贴近南非人民的生活需要和文化认同，还要尽可能突出品质优势，提升外观工艺和产品功效性。尤其是中国的医药企业，属于以技术为核心的产业生产，需要在南非发达的医药科学领域崭露头角需要过硬的专业知识和研究，与当地民众的医药卫生环境和需要结合，才能真正在南非落地生根蓬勃发展。

第五，了解“黑人经济振兴政策”（Black Economic Empowerment，BEE）对中国企业投资南非很重要。BEE 是南非政府针对历史上因种族隔离造成的遗留问题而出台的经济政策，该政策对企业中的黑人持股比例、参与管理程度和接受技能培训等多方面设定了硬性目标，以期全面提高黑人的经济发展能力和融入南非经济的程度。尽管 BEE 政策在南非的商业领域并非强制性的，但 BEE 等级仍将作为政府和公共部门采购、执照发放、优惠政策倾斜的重要参数，直接影响企业初期发展和未来竞标政府项目。但是如果盲信 BEE 可能为企业带来的未知利益而允许不熟悉的南非合伙人入股，最终可能会给企业带来不利影响。因此，中国企业应该充分了解 BEE 的机能和运作原理，认真考虑参与该政策的程度。只有在理性分析后对 BEE 政策进行合理利用，才能真正地给企业带来发展机会。

第六，中国医药企业还应该根据自身的科研领域发展需要深度调研南非医疗卫生产业的现状和需求，以此制定与自身相宜的发展战略。例如，南非的医疗科技的研发和技术市场化中有较多的研发资金缺陷，[①] 而这些研发团队中却不乏很多具有优质市场应用潜力的实用技术和产品。中国企业可以与南非医疗器械产业协会（SAMED）、南非科学院（CSIR）等官方机构进行有针对性的沟通，准确寻找并评估这些比较成熟、尤其在未来中国市场有广泛应用场景的产品和技术，进行投资、收购，促进其产业化、市场化演进。又如，南非的天然植物萃取类药物开发一直是独立于传统东方和非洲本土草药学之外的，在市场舆论上属于“西方自然医学”，有着进入欧美市场的先天

① GEMS presentation at the Health Market Inquiry Seminar，2019 - 04 - 06.

优势。中国企业可以考虑考察南非本土已有阶段性进展的植物萃取类健康产品，对欧洲和中国市场双向开发。再如，多年来南非从中国引入成像检测设备的市场份额在稳步增加。中国医药企业可以在南非提前布局，引入符合市场发展需求的临床应用技术，例如，在肿瘤精确诊断和癌症细分治疗方向，南非现在亟待引入 IonTorrent NGS 二代高通量测序平台，中国企业可以考虑结合南非本地医疗团队，建立起面对南非及非洲市场的精确诊疗中心，并在未来建立完全由企业掌控的诊疗数据库等。

第七，结合南非目前疫情危机以及未来在后疫情时代急需的医疗卫生产业需求，中国医药企业还可以从流行疫病预防、诊治方面着眼，在南非开发适于本地的医药和疫苗并构筑相关产业链，产生经济效应、造福人民健康的同时，扩大中国对国际公共卫生事务的影响力。

非洲光伏产业发展前景与中国机遇

毕世博　李一鸣　中非能源投资合作报告编写组*

摘　要： 在能源革命的背景下，低碳和绿色的发展理念受到重视。在全球范围内，非洲大陆的太阳能资源最为丰富，但电力接入水平却非常低。当前中国光伏产业的发展和成本的快速降低为非洲实现绿色发展提供了契机。本文根据非洲太阳能资源、太阳能资源的利用程度、非洲电力接入现状等基本情况，基于计划能源方案、转变能源方案两种情境方案，对非洲光伏产业发展潜力进行了预测，为中国对非光伏投资项目提供了决策支持。

关键词： 太阳能；光伏产业；电力；投资

一、前言

清洁能源革命给世界带来了深远的影响。一方面，风能、太阳能等可再生能源的利用效率不断提升、成本不断降低，清洁能源对石油、煤炭等传统

* 毕世博，博士，国家能源集团绿色能源与建筑研究中心研发主管；李一鸣，博士，浙江师范大学经济与管理学院、中非国际商学院讲师；中非能源投资合作报告编写组：陈泽侠、刘巧、韦龙鑫、向琳。

化石能源的替代趋势已经不可逆转；另一方面，清洁能源的利用形式愈加多样，电动汽车、氢燃料电池等技术大大拓展了清洁能源的应用范围。

在低碳和绿色发展理念的影响下，清洁能源成为各国能源投资的重点领域，世界主要经济体均设立了清洁能源的阶段性发展目标。在 2020 年，中国设立了在“2030 年非化石能源占一次能源消费比重将达到 25% 左右”的目标，并将在原有光伏装机容量的基础上，继续大力发展光伏装机；① 2015 年美国提出到 2030 年本国电力供应的 20% 要来自除水力发电外的可再生能源；欧盟在 2014 年颁布《2030 年气候能源政策框架》，计划到 2030 年欧盟的可再生能源消费比重增至 27%。②

随着发电成本的不断降低，光伏技术为世界实现清洁能源替代提供了契机。在 SNEC 第十五届（2021）国际太阳能光伏与智慧能源（上海）大会上，全球绿色能源理事会主席朱共山提到，在全球范围，越来越多的国家和地区，光电价格已低于火电。阿联酋、卡塔尔、印度等国家，光伏中标电价不断打破最低纪录。现在中国近 80% 的区域，抛开非技术成本的话，光伏发电在供给侧的实际成本已低于煤电。随着平价上网的实现，光伏在世界范围内的部署规模不断扩张。当前，中国光伏累计装机容量已经达到 204.7 吉瓦，占全球光伏装机容量的 32.6%，美国和日本的累计装机容量分别为 75.9 吉瓦和 63 吉瓦，分别占全球累计装机容量的 12.1%、10%，欧盟国家的累计装机容量达到 129.8 吉瓦。③

相比于清洁能源在其他大陆的蓬勃发展，非洲仿佛成为被遗忘的大陆。其核心原因在于非洲大陆的能源供给和需求仍然处于较低水平，对能源企业的吸引力较低。根据世界银行的预测，到 2030 年，世界上 87% 的最贫困人口生活在撒哈拉以南非洲地区。④ 当前全球 9.4 亿无电人口中，撒哈拉以南

① 沈小波．“十四五”展望系列——光伏迎来更快发展速度［EB/OL］. 能源杂志，2021-02-08.

② 吴磊．能源转型与“能源革命”战略思想［N］. 中国社会科学报．2018-07-31.

③ 信息整理自中非清洁能源产业数据库，该数据库由中非能源产能合作报告编写组开发。

④ Roser M，Ortiz-Ospina E. Global Extreme Poverty［EB/OL］. https：//ourworldindata. org/extreme-poverty，2019.

非洲占62.91%，达到近6亿人。[1] 提升非洲的电力接入水平，为非洲发展提供必要的电力设施，成为非洲政府与国际社会的关键任务。

在此背景下，中国对非光伏项目投资存在重大意义和发展前景。

第一，光伏电站等大规模清洁能源项目的部署是避免非洲锁定在高碳发展道路的重要手段。随着经济不断发展、能源需求不断提升，一旦非洲选择传统化石能源为主的高能耗高污染发展模式，将对其自身的可持续发展，以及全球气候目标的实现带来重大挑战。而当前发电成本已接近火电的光伏能源，可以为非洲带来完全不同的能源选择，使非洲走上绿色高效经济发展道路。

第二，开发非洲充沛的清洁能源资源将为全球光伏产业带来巨大的发展机遇。非洲的可再生能源丰富，有着“新能源时代的中东”之称，相同的光伏阵列非洲产出的电力是欧洲的两倍多。非洲一年当中每月的平均光照强度基本都高于其他地区，并且一年当中光照强度的变化比较稳定。在非投资光伏设施，拥有更好的自然资源基础。

第三，对非光伏投资是我国“一带一路”倡议的重要抓手。非洲是“一带一路”发展的重要方向和落脚点。为非洲提供电力设施等基础建设，是当前中非合作的重要内容。通过对非投资光伏设施，中国可以为提升非洲国家的能源可获得性、促进经济发展作出重要贡献，并有助于消化国内光伏产业的产能。

明确非洲太阳能光照资源、非洲人民对光伏能源需求、非洲国家政府对光伏产业发布的政策等信息，可以推动潜在投资者对光伏产业进行投资，而本文将致力于提供上述关键信息。

二、非洲的太阳能资源现状

衡量一个国家是否具有光伏的发展潜力，主要有三个指标：太阳能资源

① Ritchie H, Roser M. Energy [EB/OL]. https://ourworldindata.org/energy, 2021-07-30.

的丰富程度、社会需求量的大小、政策以及当地经济发展水平。

其中，光伏发电技术会受到年平均光照强度以及光伏太阳能电池铺设面积的影响，年平均光照强度和铺设的面积分别与光伏发电的效率以及光伏发电吸收的总量成正比。单位光照强度由纬度、气候等因素决定，太阳能电池铺设的总面积则跟国家的国土面积有一定的关系，因此在开展光伏项目之前，需要分析国家本身具有的自然资源以及其可利用的国土面积。

（一）世界的太阳能资源

太阳能资源是世界上最丰富的可再生能源，蕴含巨大的可利用能量，它遍布全球，但是它的分布状态是不均匀的，因为不同的位置对应着不同的纬度，不同纬度上的太阳光照的强度以及光照时间上的差别会形成太阳能资源特定的分布形态。

根据世界银行的数据，纬度位于南纬 45° ~ 北纬 45°之间的区域，即位于赤道附近的区域的光照强度是最强的。而七大洲中，亚洲的纬度区间为南纬 11°7′ ~ 北纬 60°5′，欧洲的纬度区间为北纬 36° ~ 北纬 71°08′，非洲的纬度区间为南纬 34°51′ ~ 北纬 37°21′，南美洲的纬度区间为南纬 54°57′ ~ 北纬 12°25′，北美洲的纬度区间为北纬 7°12′ ~ 北纬 71°59′，南极洲的纬度区间为南纬 65°36′ ~ 南纬 82°，大洋洲的纬度区间为南纬 47° ~ 北纬 30°。由此可见在七大洲中，只有非洲的全部区域都位于光照强度最强的区域，因此非洲的太阳能光照资源是非常丰富的。

此外，本文收集了非洲国家以及其他洲国家的太阳光照强度数据，还将其各洲各月以及年平均光照强度通过折线图（见图 1）进行直观的比较，发现非洲一年当中每月的平均光照强度基本都高于其他洲，并且一年当中光照强度的变化比较稳定，起伏不大。

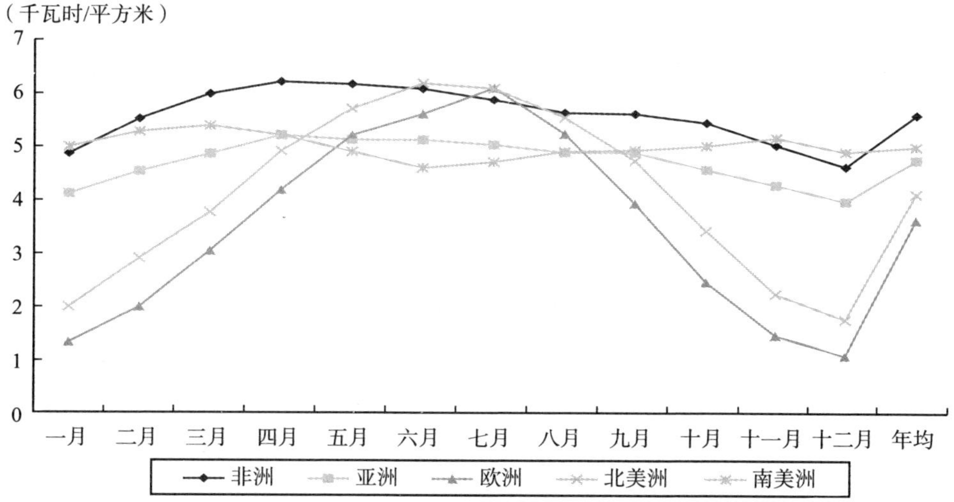

图 1 各洲各月以及年平均光照强度折线图

资料来源：中非清洁能源产业数据库（该数据库由中非能源产能合作报告编写组开发）。

（二）非洲的太阳能资源

1. 非洲太阳能资源整体情况

非洲大陆基本集中于赤道的附近，太阳能辐照十分强烈。非洲整体的年平均光照强度基本上都是在 1700 千瓦时/平方米以上，非洲南部的纳米比亚、非洲北部的苏丹大部分地区以及苏丹、乍得、尼日尔、埃及、利比亚的交界处都是非洲光照强度最强的地区，年平均光照强度都在 2300 千瓦时/平方米以上。就非洲南北部的整体进行比较来说，非洲北部总体的平均光照强度要高于非洲南部总体的平均光照强度，具体来看，非洲北部区域的平均光照强度大部分都是在 2100 千瓦时/平方米以上，而非洲南部区域的平均光照强度介于 1700 千瓦时/平方米和 2100 千瓦时/平方米之间。[①] 非洲北部的总体太阳能资源也大大高于非洲南部总体的太阳能资源，不仅仅是因为北部平均光照强度高，还因为北部的区域面积远远大于南部的区域面积。

① 中非清洁能源产业数据库。

2. 非洲太阳能资源区域分析

非洲的光照强度可以划分为三个不同的档次，见表1。

表1 光照强度档位区间 单位：千瓦时/平方米

项目	第一档	第二档	第三档
年平均光照强度区间	2300～2500	2100～2300	2100以下
区域	苏丹北部、尼日尔东北部、乍得东北部、埃及南部、利比亚南部以及阿尔及利亚的最东南部、纳米比亚、肯尼亚、坦桑尼亚中部	苏丹南部、乍得南部、尼日尔除东北部以外区域、马里、阿尔及利亚中南部、利比亚中北部、埃及北部、安哥拉南部、赞比亚、博茨瓦纳、南非的中西部	南苏丹、中非、加纳、摩洛哥、刚果（布）等

资料来源：中非清洁能源产业数据库。

笔者根据非洲地区光照强度情况将非洲地区划分为三档。第一档地区是指年平均光照强度在2300～2500千瓦时/平方米范围内，其中包括苏丹北部、尼日尔东北部、乍得东北部、埃及南部、利比亚南部以及阿尔及利亚的最东南部、纳米比亚、肯尼亚、坦桑尼亚中部等地区；第二档地区是指年平均光照强度在2100～2300千瓦时/平方米范围内，其中包括苏丹南部、乍得南部、尼日尔除东北部以外区域、马里、阿尔及利亚中南部、利比亚中北部、埃及北部、安哥拉南部、赞比亚、博茨瓦纳、南非的中西部；第三档地区是指年平均光照强度在2100千瓦时/平方米以下，其中包括南苏丹、中非、加纳、摩洛哥、刚果（布）等地区。

（三）非洲的太阳能资源可利用性分析

一个地区的单位光辐射量以及系统设备可铺设的面积对转化太阳能的效率以及产生电能以及热能的总量有非常大的影响，因此笔者选择通过比较单位光照强度和单位光照强度乘以国土面积的总光照来判断一个国家的太阳能资源利用的潜力，如图2和图3所示。

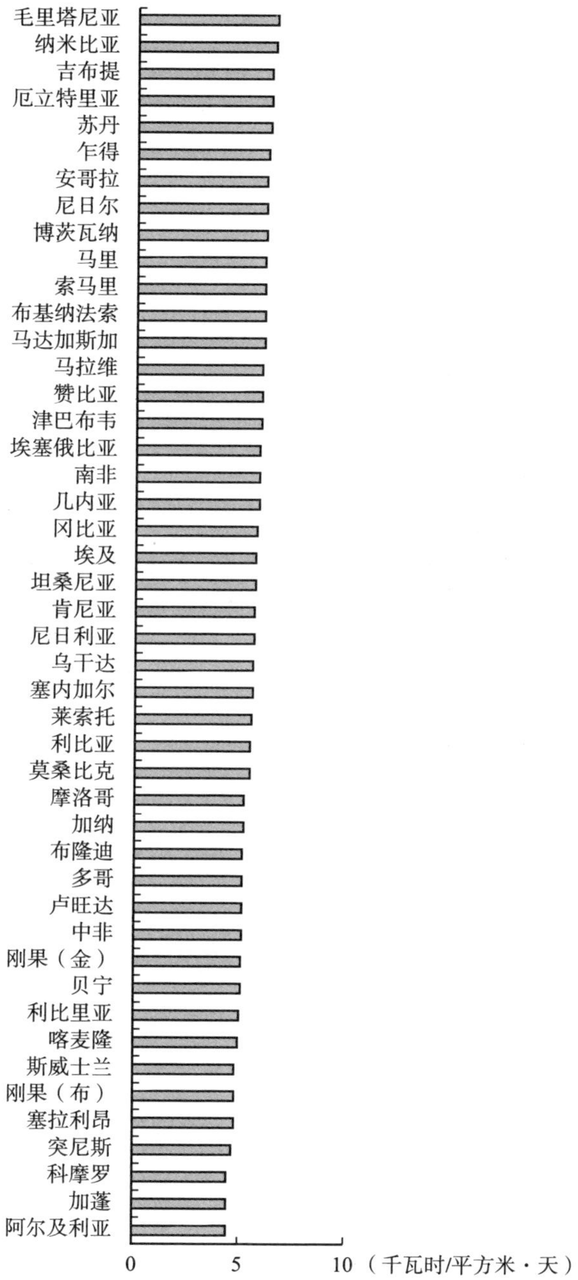

图 2　非洲国家平均光照强度

资料来源：中非清洁能源产业数据库。

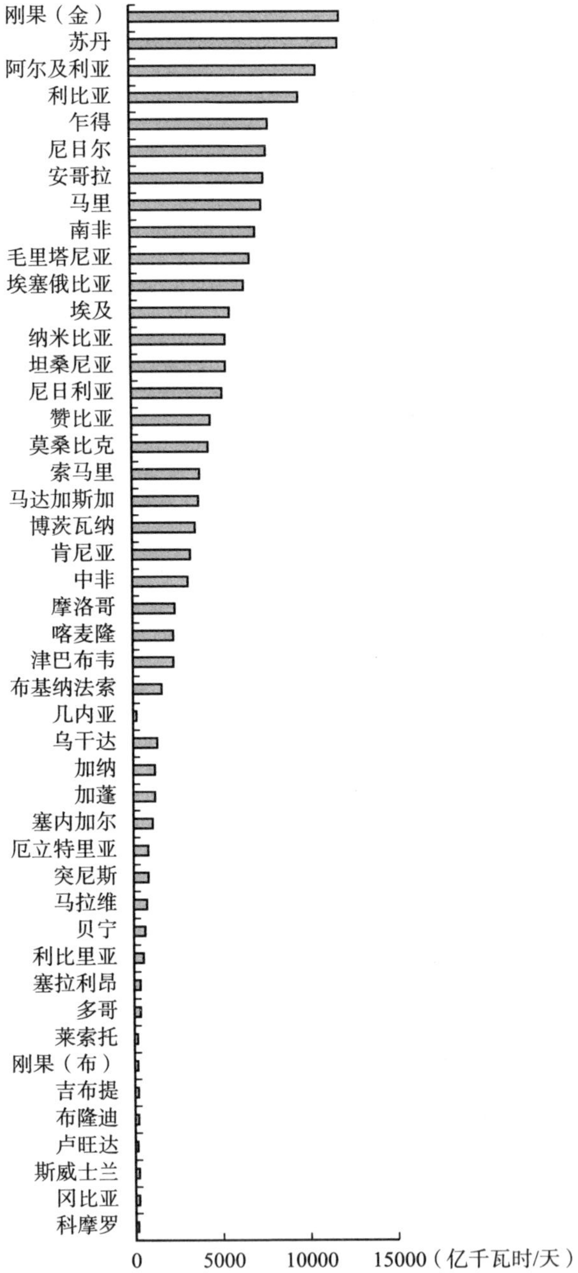

图 3　非洲国家总光照强度

资料来源：中非清洁能源产业数据库。

由图2可知，非洲国家中平均光照强度排名前十的依次是毛里塔尼亚、纳米比亚、吉布提、厄立特里亚、苏丹、乍得、尼日尔、安哥拉、博茨瓦纳、马里。其中除纳米比亚全境为热带沙漠气候之外，其他国家的大多数区域为热带沙漠气候，少数区域为热带草原气候。热带沙漠气候地区气候干燥，终年少雨，日照充足，特别是此类地区经常晴空万里，万里无云，没有云层的遮挡，光照强度更强。而热带草原气候也是全年高温，光照充足，不过一年当中有明显的干湿两季，干季的时候十分干燥，光照强度较强，湿季的时候，降水量多，光照强度较弱。因此，整体来说，这十个国家的光照强度较高。

由图3可知总光照资源排名前十的依次是刚果（金）、苏丹、阿尔及利亚、利比亚、乍得、尼日尔、安哥拉、马里、南非、毛里塔尼亚。刚果（金）的日平均光照强度虽然仅有5.1千瓦时每平方米，位于非洲国家的后位，但它的国土面积高达234.5万平方千米，使刚果（金）的总光照资源排到第一位，成为非洲光照资源最为丰富的地区。苏丹的日平均光照强度为6.31千瓦时每平方米，位于非洲国家的前列，国土面积也高达188.6万平方千米，成为非洲第二大光照资源丰富的国家。

非洲根据地理区位划分为北非、西非、中非、东非、南非，为了能够了解非洲各区域太阳能资源占比情况，作者根据各国的总资源比例进行分析，如图4所示。

总体来讲，非洲太阳能资源丰富。按区域占比情况来看，如图5所示，北非地区占比为27%，西非地区占比为16%，中非地区占比为21%，东非地区占比为13%，南非地区占比为23%。

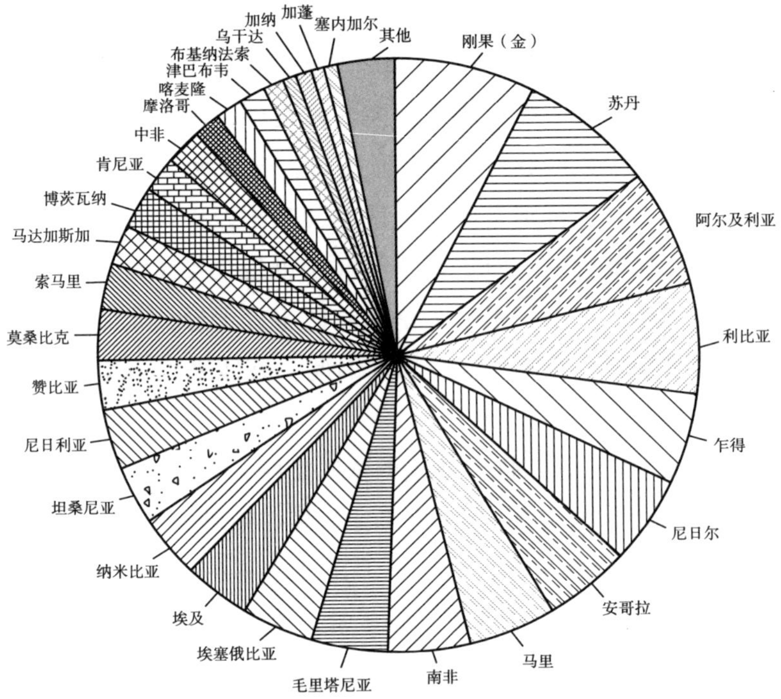

图 4　非洲国家总光照资源所占比例

资料来源：中非清洁能源产业数据库。

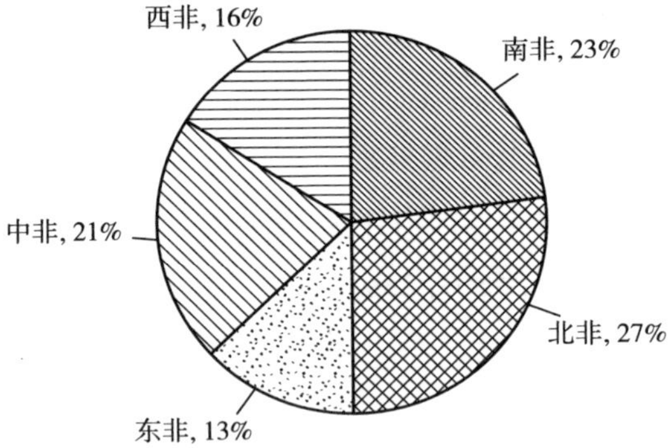

图 5　非洲各区位的光照资源比例

资料来源：中非清洁能源产业数据库。

三、非洲光伏产业发展路径探析

（一）太阳能资源的利用方式

太阳能作为最丰富的清洁能源，目前对太阳能资源开发利用的技术路线有如下三种：第一，光伏发电技术，是利用半导体太阳能电池将光能转化为电能；第二，光热发电技术，是利用聚光器把光聚集在一起，让其瞬间产生高能来推动汽轮机里面的漩涡转动，借此产生电能；① 第三，光热采暖技术，是利用集热器吸收太阳辐射能，将其转化成热能。

上述三种技术使用时的特点有其相同也有其不同。具体对比如下：一是光伏发电技术以及光热采暖技术两者都容易受到阴雨天气以及昼夜的影响，使光的获取具有间歇性，从而使电能和热能的产生有不稳定性，而光热发电技术的储能配置让设备在阴雨天气，以及夜晚中也能通过储存的能量持续地产生电能；二是光伏、光热发电技术以及光热采暖技术会受到单位辐射量以及云层的影响，单位辐射量越高、云层越少的区域，系统单位吸收到的光照资源就越多，能够有力地提升系统的效率；三是光伏、光热技术以及光热采暖技术也都受到系统铺设空间的影响，铺设的空间越大，太阳能电池总面积越大、聚光器规模越大、集热器数量越多，这样整个系统吸收的光能越多，转化形成的电能以及热能也就越多。

（二）非洲电力接入现状

当前，全球能源供给和需求发生变革，逐步用清洁能源替代化石能源，形成传统能源（煤、石油、火电）、新能源、可再生（清洁）能源多轮驱动的能源供应体系，把人类社会推进到以高效、清洁、低碳、智能为主要特征

---

① 王长青．关于太阳能光热发电的技术特点与应用探讨［J］．中国市场，2019（34）：88，90.

的能源新时代。[①] 在这场变革之中，非洲的能源革命至为重要，因为非洲目前的电力接入水平较低，相较于其他国家和地区已有完备的传统能源体系，能源供应体系的改造成本非常巨大。非洲原有的能源体系还并不完善，改革的成本低，因此在能源革命上，非洲最有可能实现清洁能源替代的弯道超车。

对于非洲来说，进行清洁能源革命，发展太阳能是一个很好的选择。第一，非洲的太阳能资源丰富，具有发展太阳能的天然优势。第二，光伏可以实现离网发电，对电网等输配电基础设施要求低。并且随着目前光伏技术的不断发展，光伏发电的成本不断下降，发展光伏是一个低成本、高收益的选择。

由于资金和技术等因素的影响，非洲的电力接入与普及进程远远落后于世界其他地方，欧洲、南美洲、北美洲都已完全实现电力接入，亚洲除了个别几个国家，也已都完全实现电力接入，而非洲除了少数几个北非国家以外，其他国家仍处于一个较低的电力接入水平，基本都低于60%。[②] 直到2016年，全世界共有93953万人无电可用，其中撒哈拉以南非洲有59105万人，占比达到62.91%。[③]

在非洲，电力接入率最高且无电人口最少的是摩洛哥、阿尔及利亚、突尼斯、利比亚、埃及。这些国家发展早，经济发展水平较高，基础设施完善，已建成较为完善的电力系统。尼日利亚、埃塞俄比亚虽然电力接入率在50%左右，但无电人口数量仍大于1000万。而刚果（金）电力接入率低且无电人口最多。[④]

（三）多情境条件下非洲光伏产业规模预测分析

本文采用电力接入率以及无电人口两个指标来进行衡量光伏社会需求的大小。其中，电力接入率反映一国有电人口占总人口的比例；无电人口反映

① 田慧芳．新一轮全球能源革命态势与中国应对［J］．中国发展观察，2018（Z2）：77－79．

②③④ Ritchie H，Roser M. Energy［EB/OL］. https：//ourworldindata. org/energy，2021－07－30.

一国中没有获得电力接入的人口数量。电力接入率低，无电人口多，则对电力的需求量大；电力接入率高，无电人口少，则对电力的需求量小。

本文基于两个情境衡量政策以及经济发展因素对光伏产业的影响。第一种预测情境为计划能源方案。该情境构建在政府目前的能源计划与发展目标之上，反映了对当今政策框架和计划的衡量评估，并考虑了影响其实施前景的监管、机构、基础设施和财务状况。第二种情境为转变能源方案。该情境是指，为了实现可持续性的发展，到 2030 年，快速的经济扩张将伴随着全面实现关键的可持续发展目标，基于可再生能源和稳定提高能源效率的能源转型途径（不仅限于这些途径），可以确保 21 世纪内全球温度上升控制在 1.5°C 以下。

根据国际可再生能源署（IRENA）的预测，在计划能源方案下，2016～2050 年撒哈拉以南的非洲可再生能源所需累计投资为 2446.7 亿美元，① 如图 6所示。在转变能源方案下，2016～2050 年撒哈拉以南的非洲可再生能源所需累计投资为 14707.8 亿美元，②如图 7 所示。

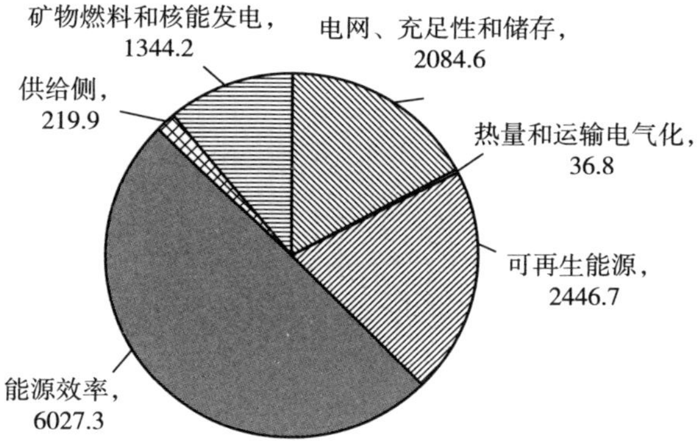

图 6　2016～2050 年撒哈拉以南非洲计划能源方案累计所需投资

注：单位：亿美元。
资料来源：IRENA. Global Renewables Outlook：Energy Transformation 2050 [R]. 2020。

---

①② IRENA. Global Renewables Outlook：Energy transformation 2050 [R]. 2020.

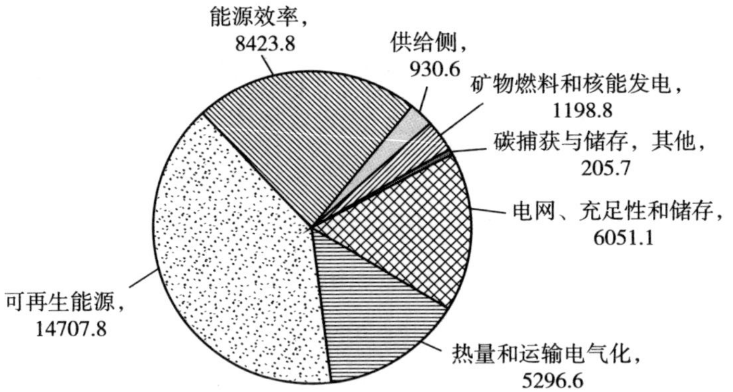

图 7　2016～2050 年撒哈拉以南非洲转变能源方案累计所需投资

注：单位：亿美元。
资料来源：IRENA. Global Renewables Outlook：Energy Transformation 2050 [R]. 2020。

在计划能源方案下，撒哈拉以南非洲光伏电力容量由 2017 年的 3 吉瓦，占比 3%，上升到 2030 年的 49 吉瓦，占比 21.96%，再上升到 2040 年的 69 吉瓦，占比 22.39%，最后达到 2050 年的 85 吉瓦，占比 25.65%，如图 8 和图 9 所示。

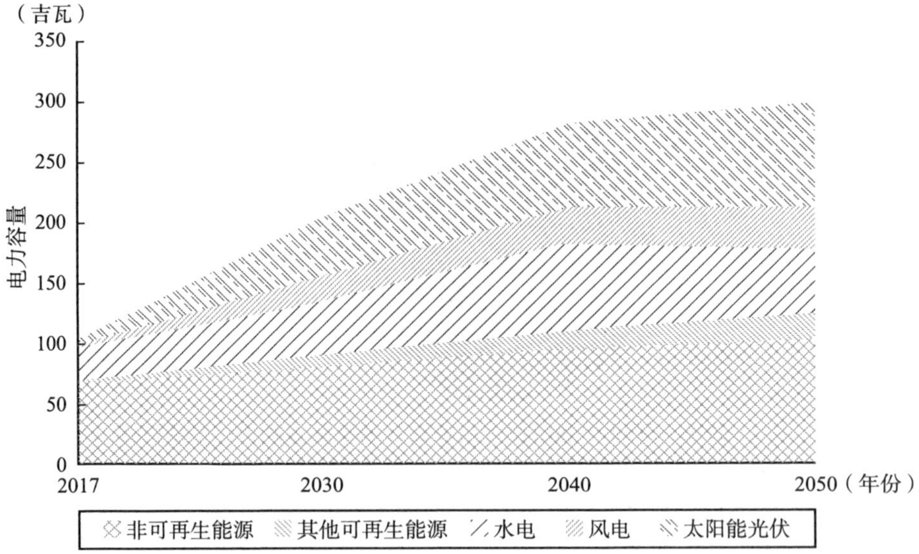

图 8　2017 年、2030 年、2040 年和 2050 年撒哈拉以南非洲计划能源方案电力容量

资料来源：IRENA. Global Renewables Outlook：Energy Transformation 2050 [R]. 2020。

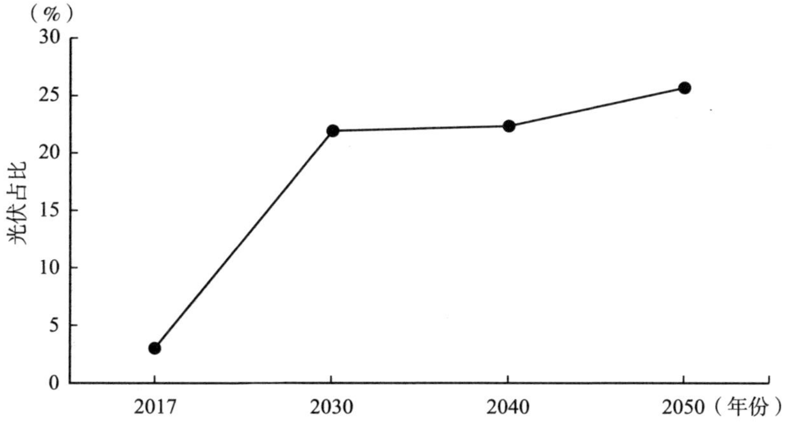

图9 2017年、2030年、2040年和2050年撒哈拉以南非洲计划能源方案光伏占比

资料来源：IRENA. Global Renewables Outlook：Energy Transformation 2050［R］. 2020。

根据国际可再生能源署的数据，2019年光伏安装成本为994.695美元/千瓦，[①] 照此估算，在计划能源方案下，2030年撒哈拉以南非洲光伏市场规模将达到487亿美元，2040年将达到688亿美元，2050年将达到850亿美元。

在转变能源方案下，撒哈拉以南非洲光伏电力容量由2017年的3吉瓦，占比3%，上升到2030年的79吉瓦，占比32.72%，再上升到2040年的254吉瓦，占比44.61%，最后达到2050年的547吉瓦，占比50.07%，如图10和图11所示。

在转变能源方案下，2030年撒哈拉以南非洲市场规模将达到787亿美元，2040年将达到2531亿美元，2050年将达到5447亿美元。

为了进一步了解两种不同的发展情境给个别国家清洁能源产业发展带来的具体影响，我们根据区位、体量和发展水平选取了南非、埃塞俄比亚、塞内加尔、坦桑尼亚、尼日利亚、肯尼亚五个国家在2019~2040年的光伏装机需求量进行了测算。根据测算，对于五个案例国家而言，转变能源方案和计划

① IRENA. Renewable Power Generation Costs in 2019［R］. 2020.

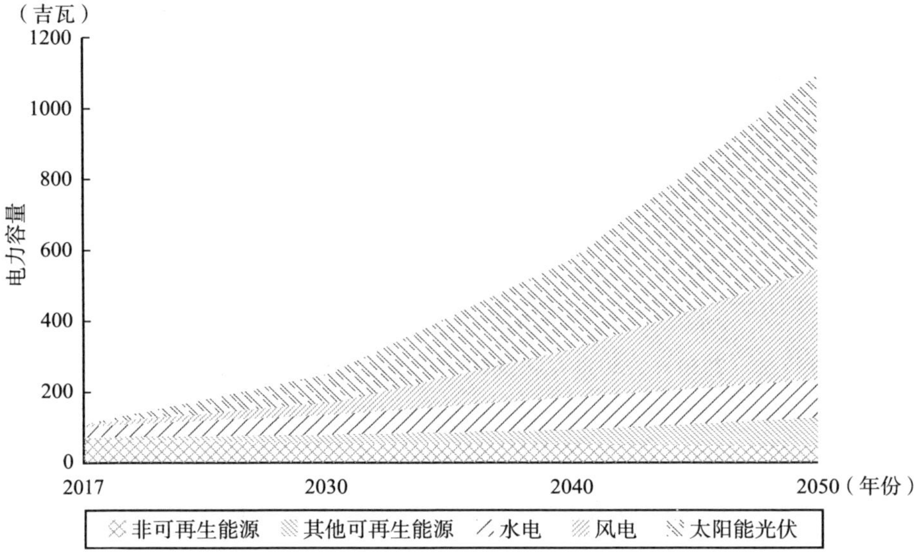

图 10　2017 年、2030 年、2040 年和 2050 年撒哈拉以南非洲能源转变方案电力容量

资料来源：IRENA. Global Renewables Outlook：Energy Transformation 2050［R］. 2020。

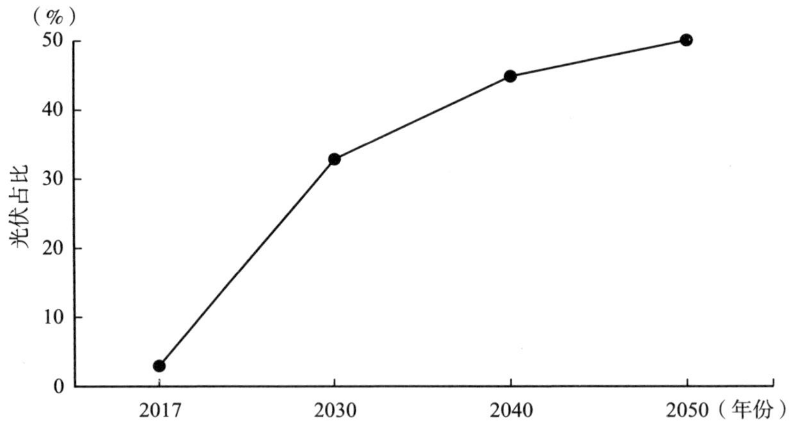

图 11　2017 年、2030 年、2040 年和 2050 年撒哈拉以南非洲转变能源方案光伏占比

资料来源：IRENA. Global Renewables Outlook：Energy Transformation 2050［R］. 2020。

能源方案都将引致对光伏发电设施的巨大需求，其中，转变能源方案引致的光伏需求量会比计划能源方案更高（见图 12 和图 13）。

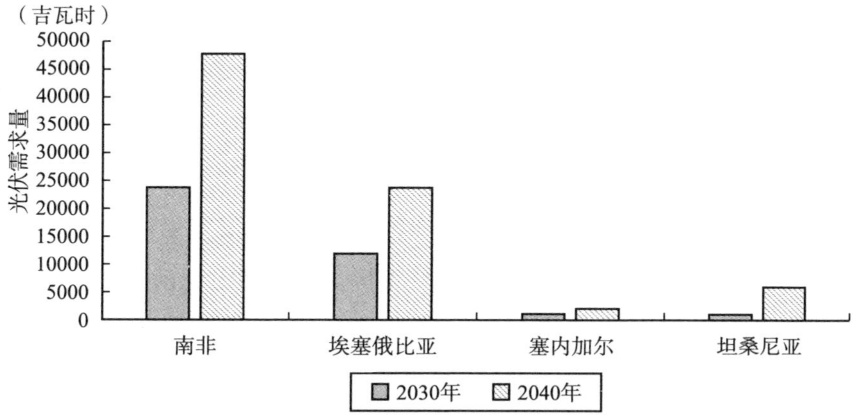

图 12　计划能源方案对光伏发电设施的光伏需求量

资料来源：国际能源署（IEA）2019 年发布的一系列报告：*Ethiopia Energy Outlook*，*Tanzania Energy Outlook*，*South Africa Energy Outlook*，*Senegal Energy Outlook*，*Nigeria Energy Outlook*，*Kenya Energy Outlook*。

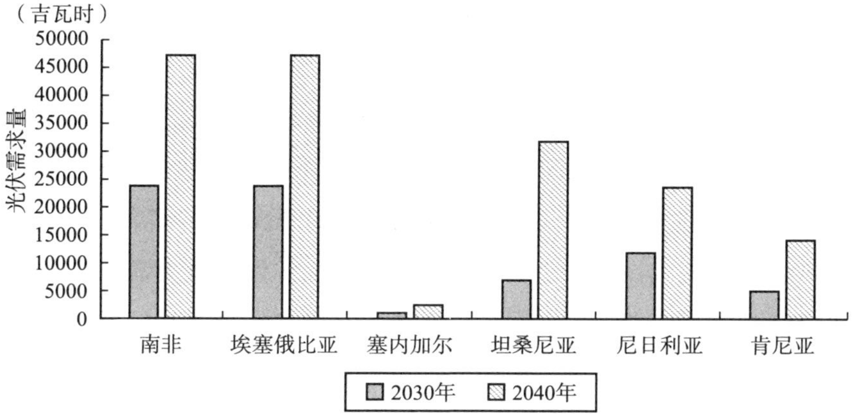

图 13　转变能源方案对光伏发电设施的光伏需求量

资料来源：国际能源署（IEA）2019 年发布的一系列报告：*Ethiopia Energy Outlook*，*Tanzania Energy Outlook*，*South Africa Energy Outlook*，*Senegal Energy Outlook*，*Nigeria Energy Outlook*，*Kenya Energy Outlook*。

具体而言，在计划能源方案和转变能源方案两种情境中，2030 年南非都将实现德国当前光伏发电量的一半以上，2040 年可与德国当前光伏发电量持平。在计划能源方案中，埃塞俄比亚 2030 年将会达到英国当前光伏发电量，2040 年将会达到英国当前光伏发电量的 2 倍；而在转变能源方案中，埃塞俄比亚 2030 年将会达到德国当前光伏发电量的一半，并在 2040 年达到德国当前的光伏发电量。

在计划能源方案和转变能源方案中，塞内加尔 2030 年将会达到瑞士在当前光伏发电量的一半，2040 年将会与瑞士当前的光伏发电量持平。

在计划能源方案中，坦桑尼亚 2030 年将会达到瑞士当前光伏发电量的一半，2040 年将会达到比利时当前光伏发电量的 1.5 倍；而在转变能源方案中，坦桑尼亚 2030 年将会达到比利时当前光伏发电量的 2 倍，2040 年将会达到韩国当前光伏发电量的 2.5 倍。

（四）匹配非洲不同经济发展阶段的光伏产业技术路线分析

考虑到当前光伏产业实际上是由不同的产品类型构成，因此除了非洲各国在不同情境下光伏产业发展的前景，投资者同样需要了解在什么时机，进入某个国家的哪一个光伏产品细分市场。

就整个光伏产业而言，可提供的产品和服务类型包括三大类：大规模光伏电站、分布式光伏系统（包括户用光伏发电系统和光伏微网）、小型光伏产品（包括便携式太阳能灯、直连光伏组件的灌溉水泵和冰箱等）。[①] 而一个国家对光伏产品主流需求，主要取决于两个方面：代表电力需求的经济发展水平和代表电力供给能力的电网建设水平。在经济发展水平较低的地区，大规模跨区域电网往往尚未建立，照明、烹饪和农业用电是主要需求，因此此时小型光伏产品将成为主导这一市场的光伏产品。例如，在撒哈拉以南非洲和亚太地区没有接入电力的人口中，约 70% 的人可以使用一级多灯照明产

① 国际金融公司．2020 年离网太阳能市场趋势报告［R］．2019.

品。在东非，离网光伏（微型）照明系统需求已达300万个/年，而东非的人均GDP只有非洲人均GDP的17.07%。

当经济发展水平进一步提升，国民在户用和工业领域的电力需求进一步增加，但是电网全面铺设尚未实现，此时户用光伏发电系统和光伏微网将帮助许多地区在离网状态下获取必要的电力供给。据估计，到2030年将有24个非洲国家的电力接入率超过60%，届时离网太阳能产品的用户数量将达到8.23亿。2006年以来，非洲离网太阳能产品需求量飞速增长，2019年相关产品营业额达到17.5亿美元。

而当一国经济发展进一步提升，且大规模跨区输电系统已经建设完成，该地区对光伏产品的需求就变为可以促进能源产业绿色转型升级的大规模光伏电站。目前在以离网太阳能为主要能源的6.17亿人口的潜在市场中，5.05亿~6.03亿人将能够在经济上负担更高级别的能源。在远期，大规模光伏并网发电在非洲将是主要发展趋势。

从大量实证研究中不难得出，电力接入率是同时体现经济发展水平和电网建设水平的有效指标：在电力接入率较低的国家，往往经济水平和电力供给都处于较低水平；而经济水平和电网建设较发达的国家，电力接入率往往非常高。按照政策实践经验，我们在本报告中设定：电力接入率在30%及以下时，小型光伏产品是主导的光伏产品；电力接入率在30%~60%时，分布式光伏系统是主导的光伏产品；电力接入率超过60%时，大规模光伏发电系统是主导的光伏产品。

（五）不同电力系统发展程度下各国电力可获得性情况预测

同时，为了预测不同国家在未来电力接入率的发展情况，我们借助了GDP与电力接入率已有的相关关系。首先，基于世界银行数据库，我们对非洲各国的人均GDP进行线性回归，得到各国2021~2060年人均GDP预测值（图14展示了部分国家的人均GDP预测值）。

随后，我们将电力接入率与人均GDP进行线性回归，得到2020~2060年非洲国际电力接入率预测值（图15展示了部分国家的电力接入率预测值）。

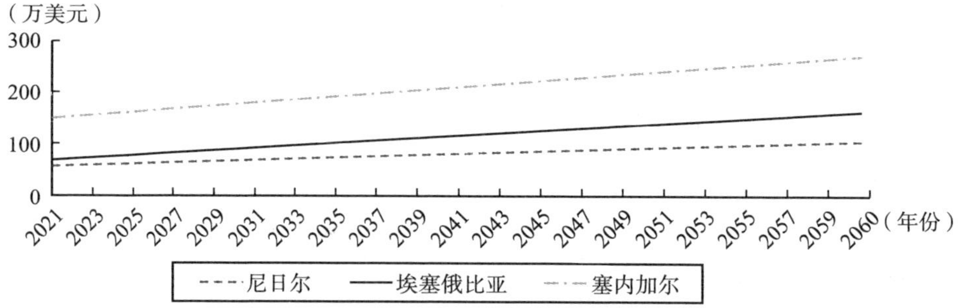

图 14　2021～2060 年部分非洲国家人均 GDP 预测值

资料来源：中非清洁能源产业数据库。

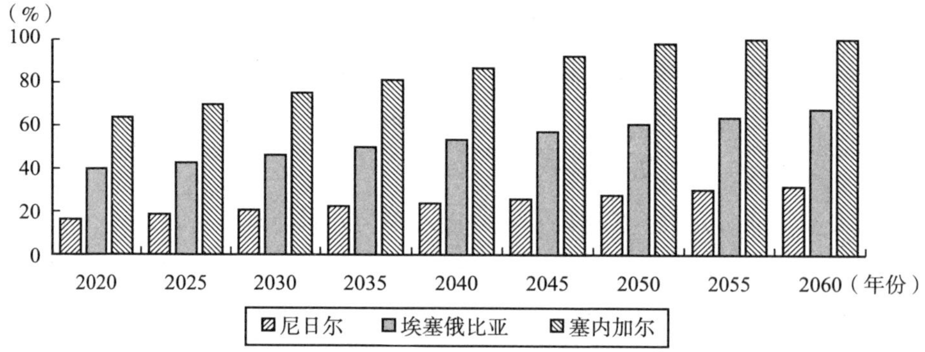

图 15　部分非洲国家电力接入率预测值

资料来源：中非清洁能源产业数据库。

图 16 展示了部分国家未来电力接入率的发展情况，不难看出，对不同发展水平的国家，投资者适合进入的光伏产品细分市场与进入时机有显著的区别。本文以尼日尔为例分析低电力接入率国家（30% 以下）的光伏产品需求情况：尼日尔 2020 年电力接入率为 16.60%，预计到 2060 年时电力接入率为 31.92%。其电力接入率增长情况，在不出现颠覆性和跨越性发展的情况下，尼日尔将在很长时间内只适合小型光伏产品，而大规模光伏发电和分布式光伏系统的发展时机远未来临。

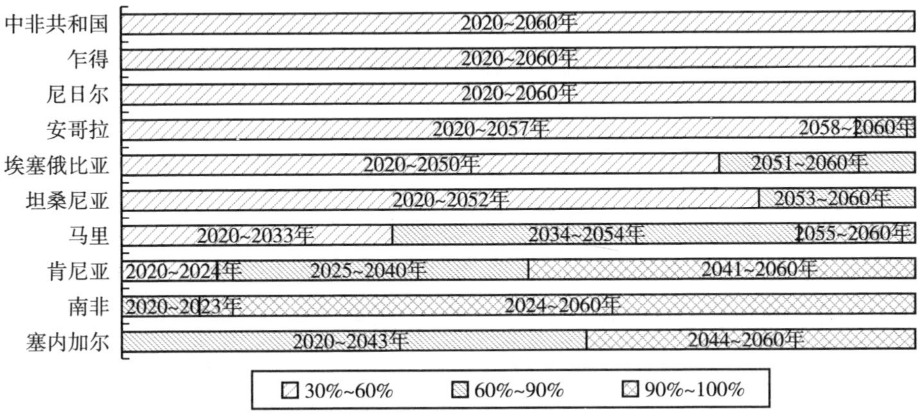

图 16　部分非洲国家各阶段电力接入率进入年份预测

资料来源：中非清洁能源产业数据库。

而埃塞俄比亚 2020 年电力接入率为 39. 25%，预计到 2050 年时电力接入率达到 60. 49%。由此推测在中长期内（2050 年以后），埃塞俄比亚的分布式光伏系统会得到较大的发展和普及。

对于塞内加尔等电力接入率较高的国家，当前已经实现了 60% 以上的电力接入率（2014 年塞内加尔的电力接入率已达 61%，到了 2052 年电力接入率可达 100%），那么可以认为，这些国家当前已经具备了分布式（离网）光伏系统的普及条件，并且在中长期有望实现大规模光伏（并网）电站的普及。

四、结论

本文的研究表明，非洲具备充足的太阳能资源条件来发展光伏项目。其中毛里塔尼亚、纳米比亚、吉布提、厄立特里亚、苏丹是非洲单位光照强度最高的五个国家；刚果（金）、苏丹、阿尔及利亚、利比亚、乍得则是非洲总光照资源最丰富的五个国家；按照地理位置划分，总光照资源最丰富的是北部非洲地区，其次是南部非洲地区。

当前对非洲光伏设施的投资，需要兼顾电网的完善程度以及本地消纳能力；而某一市场的远期开发潜力，在于本地电力需求的增长速度和空间。电力接入率高且无电人口少的国家，说明其国家电网较为完善；而电力接入率低且无电人口多的国家，光伏设施的发展潜力巨大。我们的研究发现，在非洲电力接入率最低的五个国家分别是，布隆迪（7.59%）、乍得（8.83%）、南苏丹（8.95%）、马拉维（11%）、中非（13.99%）。在非洲无电人口最多的五个国家分别是尼日利亚（7570 万人）、刚果（金）（6523 万人）、埃塞俄比亚（5847 万人），坦桑尼亚（3734 万人）、乌干达（3041 万人）。

政策对光伏市场的投资存在显著影响。因此，建议投资者需要认真检视项目所在国的能源政策与产业发展规划。当一国提出了可置信的清洁能源部署规划，并且有细致的行动计划和配套产业政策、稳定而有力的政府支持情况下，那么该国的光伏项目投资是可期待的。另外，如果规划、政策和政治稳定三个要素缺少其中的任何一种，那么投资者就需要警惕。

本文研究显示，投资者需要细致区分所在国适宜发展的光伏系统类型，并且审慎决定进入市场的时机。一国的经济和电力系统发展水平决定了当前和未来时点该国更适合大规模光伏（并网）电站、分布式（离网）光伏系统或者小型光伏产品。本文提供了非洲各国光伏产品细分市场的投资建议，并且预测了市场主导需求发生重大变化的时机。

浙江－非洲清洁能源产业投资合作的潜力与机遇

李一鸣　中非能源投资合作报告编写组*

摘　要： 在“一带一路”倡议下，中非合作关系变得越发紧密。在能源投资领域，我国对非项目投资总额不断增加，投资标的和模式不断优化，对非洲本地发展的促进作用也在不断提升。对于浙江的新能源企业和产业投资者而言，认识当前对非能源投资的主要模式，了解非洲本地清洁能源储量、政策等外部因素是进行战略投资决策的关键前提。为此，本文从非洲能源投资有利因素与制约因素两个方面，基于浙江新能源领域的产业优势与制造能力，对浙江在非洲清洁能源产业的发展与潜力进行分析，并提出相应的政策建议。

关键词： 中非合作；能源投资；清洁能源；浙江

* 李一鸣，博士，浙江师范大学经济与管理学院、中非国际商学院讲师；中非能源投资合作报告编写组：陈泽侠、刘巧、韦龙鑫、向琳。

一、中国对非能源投资

（一）中国对非能源投资的背景

中非一直都致力于双边关系的友好发展，共同努力促进合作共赢。从2000年开始，中国与非洲各国间定期举办中非合作论坛，为中非双方在经贸投资领域的合作创造了诸多有利条件。2013年习近平主席提出建设"一带一路"倡议，非洲既是"一带一路"的重要节点又是推进"一带一路"发展的重要方向和落脚点，"一带一路"倡议为中非合作带来了很多新的合作机遇。2015年中非合作论坛约翰内斯堡峰会更是将中非关系从新型战略伙伴关系提升为全面战略合作伙伴关系，会中中方提出了对非的"十大合作计划"，承诺在未来三年内给非洲提供600亿美元的资金支持。2018年的中非合作论坛北京峰会为构建更紧密的中非命运共同体，通过了《关于构建更加紧密的中非命运共同体的北京宣言》与《中非合作论坛－北京行动计划（2019—2021）》，规划了2018以后三年的各领域实务合作，同非方携手推进"八大行动"，创造合作共赢新局面。仅2019年，我国对非洲地区直接投资的流量就达到27.1亿美元，存量达到443.9亿美元。[①] 2000～2019年，中国对非洲承诺的贷款高达153亿美元，涉及交通运输、能源、矿业、通信领域共1141个项目，其中能源投资贷款占总贷款数的25%，总量位居第二。[②]

石油是中国传统对非能源投资领域的代表。非洲作为世界八大产油区之一，石油资源极其丰富。中国自非洲的石油进口量从2000年的1690万吨

---

① 商务部，国家统计局，国家外汇管理局．2019年度中国对外直接投资统计公报［R］．2020.

② China Africa Research Initiative. Chinese Loans to Africa Database［DB/OL］. https：//chinaafricaloandata. bu. edu/，2021－07－31.

增长到 2018 年的 8741 万吨[1]，年均增长 23.18%。中非在石油领域长期稳定合作之后，非洲已然成为中国石油的第二大进口来源地，[2] 中国对非传统能源投资持续稳定增长。为了进一步提升石油领域合作效率，中国对非洲重要炼油设施进行了投资（见图 1）。

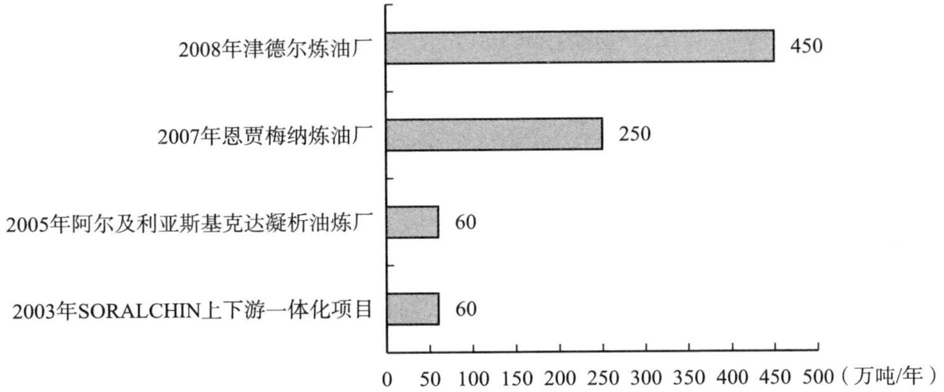

图 1　2003～2008 年中国石油对非石油部分投资项目产量

资料来源：中非清洁能源产业数据库。

可再生能源是中国新兴对非能源投资领域的代表。非洲被称为新能源时代的中东，其太阳能、风能、水能资源非常丰富，分别占全球储量的 40%、32% 和 10%，开发潜力巨大。这些能源的开发将为非洲每年带来 3.3 万亿度清洁电力，相当于减排二氧化碳 28 亿吨。作为“一带一路”的重要投资领域，截至目前，中国已经在非洲水电（见图 2）、风电（见图 3）和光伏电站（见图 4）领域进行了大量投资，帮助非洲提高清洁能源利用率，提升电力供应，推动本地经济社会发展。

---

① 罗振兴．中－美－非三边视角下的中非石油关系：争论与辨析［J］．西亚非洲，2014（1）：141－160.

② 汪巍．非洲石油工程市场拓展［J］．国际工程与劳务，2018（11）：53－54.

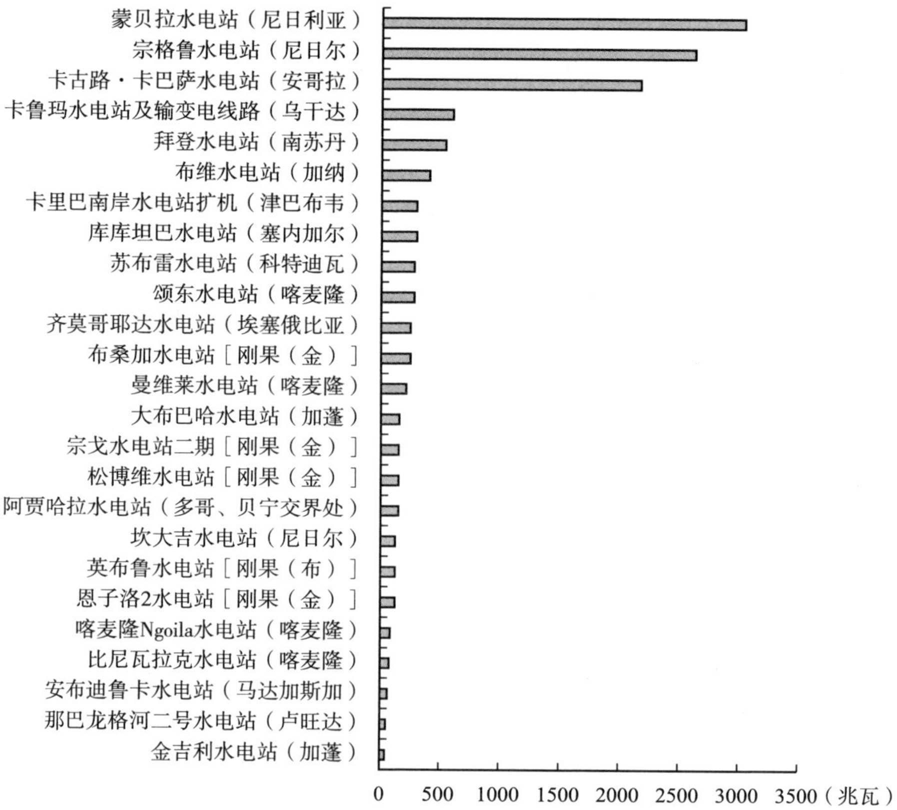

图2　中国对非部分水电站项目

资料来源：中非清洁能源产业数据库。

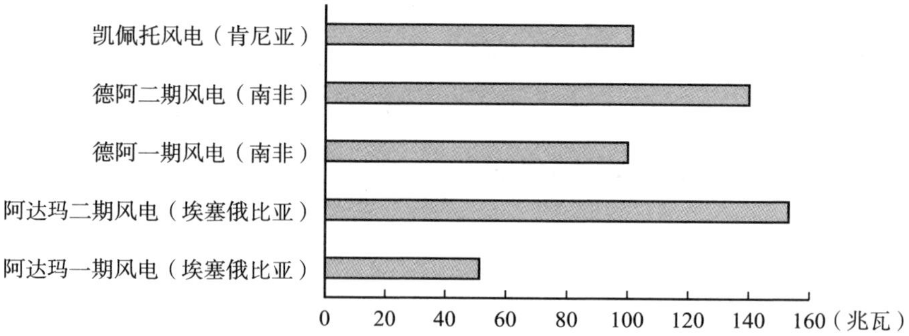

图3　中国对非部分风电项目

资料来源：中非清洁能源产业数据库。

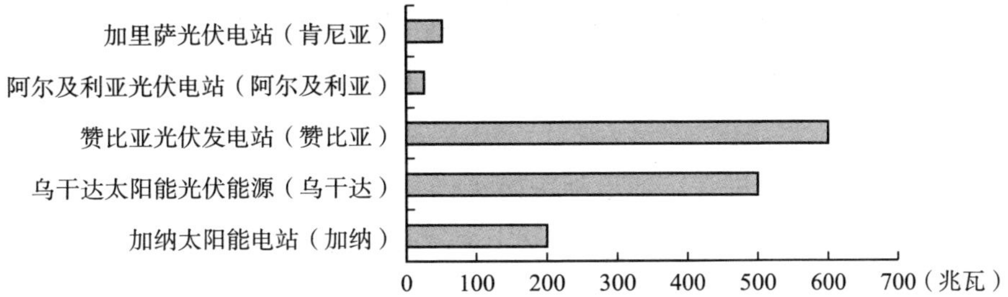

图4　中国对非部分太阳能、光伏发电投资项目

资料来源：中非清洁能源产业数据库。

（二）中国对非能源投资的模式

1. 对非能源投资方式现状

中国对非能源投资效果丰硕，并且一直都保持着持续增长的状态，但对中国而言同样面临机遇与挑战。一方面，有部分外媒开始借对非投资方式存在的漏洞恶意揣测中国对非投资意图，甚至诬陷中国有意制造债务陷阱；另一方面，伴随着时代以及全球经济形势的不断变化，中国对非能源投资的方式在不断地变化升级，支持的手段也在不断地完善，争取实现中非双方合作利益的最大化。

2. 对非传统能源投资方式

在以往中非传统能源外交实践中，可以根据非洲资源丰富国家的政权掌控力、中国政府参与程度和能源投资的商品化程度这三个因素总结出以下四种方式：能源合作、投资换能源、市场投资和能源共用体。这四种方式各有特点，适应不同发展时期、不同非洲国家的能源合作需求。具体如下：

方式一：苏丹模式，即中国公司与非洲能源部门合资建设能源公司，配套国家援助与低息贷款，运营权最终交由非方。例如：2000年，中国石油天然气集团公司与苏丹能矿部合资建设以现代化炼油厂为主体的喀土穆炼油有限公司，股份各占50%，通过合作帮助苏丹建立起比较完备的石油工业体系，开发苏丹石油资源。在炼油厂投产之后，中国石油在苏丹喀土穆炼油厂上所占的核心运营管理权逐渐移交到苏方的手上，但仍然会作为顾问提供重要技术支持。①

方式二：安哥拉模式，即由中国政策性银行向中国在非建设单位提供低息贷款，非方用油气等自然资源担保并向建筑企业抵充建设投资。② 例如：2003 年，中国进出口银行向安方提供 20 亿美元的贷款，安方将贷款用于国家的基础设施建设，并用出产的石油偿还中国进出口银行的贷款。

方式三：市场投资，即由非洲当地相关公司或者国家部门进行招标，中国公司进行投标，中标之后负责建设，标价金额以当地非洲币种或者美元进行标价。例如：2005 年，阿尔及利亚大型凝油厂项目由阿尔及利亚石油天然气公司发布招标计划，中国石油工程能源建设集团公司参与招标并以最低标价 281 亿第纳尔，约合 38490 万美元中标。③

方式四：能源共同体，即采取与其他国家公司建立能源共同体的方式，建立联合能源公司，依据出资比例持股，降低投资风险。例如：2004 年，中石油与意大利石油公司的子公司以及尼日利亚石油发展公司以建立能源共同体的方式合资建设了奥科诺和奥克波霍油田。④

3. 对非新能源投资方式

随着近些年中国对非洲投资的快速增加，投资领域也越来越多，为非洲经济社会发展带来了新气象。新的投资模式主要集中在以下几种模式：

方式一：本地融资模式，即中国能源公司参加非洲能源组织的招标，中标之后，由非洲本地银行提供建设融资，中国能源公司进行项目建设。例如：2013 年 8 月，龙源南非公司与当地合作伙伴参与了南非能源组织的第三轮可再生能源项目招标，并成功中标德阿风电项目，项目投资 25 亿元人民币，项目的融资由南非本地银行提供。⑤

---

①③⑤ 中非清洁能源产业数据库。

② 李昭洁．浅析中国对非援助的“安哥拉模式”[D]．北京：外交学院，2016.

④ 金正昆，张宇炎．中国对非能源合作方式分析 [J]．广西社会科学，2018（7）：149 – 154.

方式二：援助投资模式，即中国企业通过投标的方式获得项目，其他部分中国的能源公司参与项目的辅助建筑，由中国进出口银行提供贷款，项目建设完成后将项目移交给当地电力公司，电力公司通过收取电费偿还贷款。例如：2013 年，中国水电五局中标承建埃塞俄比亚阿达玛二期风电 EPC 项目工程，由中国进出口银行提供贷款，金风科技公司参与辅助建设，项目建成以后移交给埃塞俄比亚电力公司。

方式三：EPC 模式，即中国企业与当地非洲企业共同承担融资，中国企业采取 EPC 模式进行项目建设，例如：2015 年，中国电建集团与肯尼亚拉姆电力有限公司签署装机容量为 1050 兆瓦的肯尼亚拉姆电站的总承包合同以及初步融资协议，项目总投资 15 亿美元，中国电建承担的 EPC 合同额为 10.038 亿美元。①

方式四：融资融智模式，即中国进出口银行为非洲新能源电力项目建设融资，中国企业签订 EPC 项目合同进行建设，建设完成电站以后，由当地电力部门购电入网，以此来偿还贷款。例如：2019 年竣工的加里萨 50 兆瓦太阳能发电站，该电站由肯尼亚能源筹建，中国进出口银行进行融资，以及中国江西国家经济技术合作有限公司与晶源能源控股有限公司组成联合体签订 EPC 项目合同，该发电站建成以后，肯尼亚电力部门以每度 12 先令的价格购电入网。②

（三）对非能源投资效果

中国在非能源项目对非洲的经济、社会和环境发展产生了深远影响。这些能源项目推动了能源普及与经济发展，帮助非洲国家创造了就业机会，增加了税收，改善了经济结构。从现实结果来看，中国对非能源投资的直接影响主要包括对本地能源可获得性和对经济发展的影响两方面。

---

① 中非清洁能源产业数据库。

② 万宇．中非光伏合作惠及更多非洲民众［N］．人民日报，2020－08－28（3）．

1. 对非洲国家能源可获得性的影响

目前，中国企业在非洲地区参与的能源项目包括大型水电、天然气发电和煤电厂，以及光伏电站、风能发电厂等大规模新能源，电力设施，显著提升了非洲国家的能源可获得性。其中，煤电、水电是保障电力安全可靠供应的“压舱石”。2013 年，中国水电总承包建设的加纳布维电站成功并网发电，同时加纳也实现了由电力进口国成为电力出口国的转变。截至2020 年7 月13 日，由中国电建所承建并负责运维的摩洛哥杰拉达 350 兆瓦燃煤发电机组实现了阶段性的胜利，取得完成发电量约为 143. 2 万兆瓦时的优异成绩，为当地疫情防控、经济发展和民生保障提供了基础电力支持。①

风、光、太阳能等新能源可通过协调的储存和输送，提高电力开发规模、实现能源高效利用。根据国际能源署（IEA）有关报告数据显示，2014 年，在卢旺达，中国政府捐赠的太阳能设备为 2000 名村民带来电力普及。2017 年，南非德阿风电项目投产发电后，每年可输送清洁电力 6. 44 亿千瓦时，满足当地 8. 5 万户居民的用电需求。2018 年，埃及本班完成光伏产业园总容量为 1. 8 吉瓦太阳能发电厂建设项目，帮助埃及实现 2020 年可再生能源发电量占总发电量 20% 的目标。②

电网作为资源优化配置枢纽平台，提高电网覆盖率能够大范围提升电力普及能力和电力开发效率。2010 ~2020 年，由于电网发展和发电装机容量增加，1. 2 亿人将通过接入电网获得电力。在安哥拉 Cuito Canavale 小镇，中国水电修建电线和变电站，使 5000 人用上电。埃及 EETC 500 千伏输电线路项目两条线路的投产送电，进一步优化埃及尼罗河三角洲地区电网结构，提高电网安全运行能力，对促进电力能源合理利用影响深远。③

---

① 洪艳艳，郇延国．山东三建摩洛哥杰拉达项目实现连续安全稳定运行 212 天［EB/OL］. 中国电建，https：//www. powerchina. cn/art/2020/7/15/art_7449_824836. html，2020 -07 -15.

② 李碧念，曹佩弦．沙漠里的超大光伏产业园，埃及人和中国人一起建！［EB/OL］. 新华社，https：//baijiahao. baidu. com/s? id =1631473700775604055&wfr = spider&for = pc，2019 -04 -22.

③ 朱贤亮．中国电建承建埃及最大输电线路投产送电［EB/OL］. 中国电建，http：//www. powerchina. cn/art/2019/1/9/art_7440_557659. html，2019 -01 -09.

2. 对非洲国家经济发展的影响

总发电装机容量增加可促进工业化和服务行业发展，还能提高居民生活水平。在非洲，许多国家因缺电导致经济低速增长和低效发展，但在外资企业承包建设新增发电装机容量后，通过整体上减少电力短缺改变了经济发展状况，助推了农业、工业和服务业的发展。中国公司承建的部分电厂供应于某些特定产业，包括采矿业、农业等。博茨瓦纳 600 兆瓦 Morupule B 煤电厂为附近的煤矿供电；赫吉格火电厂 44 兆瓦扩建项目为厄立特里亚金矿供电。埃塞俄比亚的生物质能项目从 2019 年起为蔗糖厂及其灌溉设施供电，为本国农业现代化做出了贡献。① 乍得恩贾梅纳炼油厂生产的成品油不仅能完全满足乍得市场供给，也让乍得向工业化国家迈进。乍得石油上下游一体化项目的建设为当地居民提供了大量的工作岗位，衍生了巨大的就业机会；此外，通过开设教育培训机构，培养了一批石油工业的人才。② 中国石油进入苏丹市场以来，苏丹由石油进口国变为石油出口国，建立起了上下游一体化的现代化石油工业体系，苏丹喀土穆炼油厂标志着苏丹拥有完整的石油工业产业链，减小了国家能源安全隐患。③

二、浙江对非能源投资

（一）浙江新能源产业基础扎实

浙江企业敢于开拓、不断创新的精神，是浙资在非发展的精神源泉。正如外交部亚洲司司长刘劲松所言，“中国产业一方面面临升级改造，另一方面面临产能过剩，而浙江最大的作用是给中国其他产能过剩的省一个良好的

① IEA. 促进撒哈拉以南非洲电力发展：中国的参与［R］. 2016.

② 张慧中．中非石油合作促进共同发展［EB/OL］. 中国石油，http：//www. cnpc. com. cn/cnpc/zgsyzfz/201809/cc620e72e79d483ba57a8750cf11b874. shtml，2018－09－03.

③ 孙保利，崔振珺．中国石油苏丹市场：19 年耕耘看收获［EB/OL］. 中国石油，http：//www. cnpc. com. cn/cnpc/gjmyxgdt/201505/39c2b122302e486598142c1f5ae4efaf. shtml，2015－05－27.

示范——转移产能给别国急需，如光伏产能、医药产能等很有作为的空间。浙江民营企业敢为天下先，有能力、有信心、有需求，能够在产能转移非洲上做排头兵”①。

在光伏领域，浙江企业已经具备“走出去”的规模与实力。2020 年，在中国 29.2 万家光伏相关企业中，浙资企业有 23134 家，占 7.92%。当前全国符合工信部《光伏制造行业规范条件》的企业共有 210 家，其中浙江省有 34 家，其中包括浙江正泰、浙江昱辉、浙江晶科、东方日升、浙江向日葵等龙头企业。②

在水电领域，浙资企业在数量和质量上同样占据优势。根据公开数据显示，截止至 2021 年 5 月 10 日全国具有水利资质的企业共有 2207 家，其中浙江有 1337 家。截至 2020 年 8 月 21 日，全国拥有水利工程特级资质的企业共 29 家，其中浙江有 2 家。更能说明问题的是，联合国工业发展组织国际小水电中心将总部设于浙江杭州，以浙江为基地与非洲开展国际合作，为浙商在非进行水电项目开发提供智力支持与资源保障。③

在风能领域，浙江企业的数量和整体实力处于全国前列。截至 2020 年 11 月，江苏以 644 家在业新成立企业占据全国第一的位置，紧追其后的是山东（540 家），其次是陕西（332 家）、广东（277 家）和浙江（133 家）。④

在政策基础上，浙江省鼓励浙江企业对非投资。《浙江省加快推进对非经贸合作行动计划（2019—2022 年）》中提到，力争到 2022 年底，浙江对非贸易总额达到 400 亿美元，对非贸易在全国的份额达到 20% 以上，同时将大力支持浙江企业特别是民营企业开拓非洲市场，此外，对非累计投资力争达到 40 亿美元，并在非洲建立省级以上境外经贸合作区 3 个。为实现这一目标，浙江推出六大重点举措推进浙非经贸合作，其中包括做好总体规划指导、加强浙非产业对接、参与非洲设施联通、促进浙非贸易畅通、推动数字经济合作、深化浙非人文交流。

---

① 李文博．浙江中小企业富裕产能转移非洲的发展历程、影响因素及模式选择［J］．非洲研究，2017，10（1）：123－137.

②③④ 中非清洁能源产业数据库。

（二）非洲新能源储量丰富

在太阳能资源方面，非洲大部分地区的气候属于热带气候。非洲气温高，素有“热带大陆”之称。全洲基本上在低纬度，3/4 地区在南、北回归线之间，95% 以上地区年平均气温超过 20℃，几乎都处在热带，是世界上平均气温最高的大洲。根据全球产业论坛的报告，世界上太阳能发展潜力最大的是非洲。太阳能资源排名前五名的国家分别是乍得、刚果（金）、马里、尼日尔和苏丹。

在风力资源方面，在世界能源委员会公布的年度报告中，非洲被评为全球可再生能源最为丰富的地方，尤其是风电资源，能够满足其未来电力需求。埃及、马达加斯加、肯尼亚、乍得等国都拥有十分丰富的陆上风力资源。特别是马达加斯加，其风力资源储量是年平均能源消耗量的四倍。苏丹的风力资源储量则相当于其年能源需求的 90%。而莫桑比亚、坦桑尼亚、安哥拉、南非和纳米比亚等国发展海上风电的潜力也很巨大。

在水能资源方面，非洲水能的蕴藏量占世界的 40%，尼罗河、刚果河、尼日尔河、赞比西河和奥兰治河为非洲五大河流，其中尼罗河为世界第一大河，刚果河的流域面积和流量位于世界第二位，仅次于亚马孙河。同时国际水电报告指出非洲是世界上水电未开发潜能比例最高的国家。①

根据国际能源署的报告显示，到 2040 年，非洲总发电装机容量预计将增至四倍，达到 385 吉瓦。2020 年之前平均每年增加 7 吉瓦，21 世纪 20 年代平均每年增加 10 吉瓦，21 世纪 30 年代平均每年增加超过 13 吉瓦。这表明非洲市场需求广大。②

根据国际能源署《世界能源展望》，在现有和预期政策措施下，撒哈拉以南非洲电力需求将在 2040 年增长超过三倍，达到 1300 亿千瓦时。到 2040 年，工业电力需求将翻番，民用电力需求增长将超过五倍。按照每年 6% 的

---

① 骆雅婷. 非洲新能源领域商机勃勃［J］. 中国投资，2017（4）：74－76.

② IEA. 促进撒哈拉以南非洲电力发展：中国的参与［R］. 2016.

速度，到2040年之前电力需求增长将超过GDP增长。①

（三）非洲新能源发展制约因素

1. 经济发展不平衡

非洲经济发展不平衡，主要体现在两个方面：第一，非洲各个国家之间、国家内发展差距大，两极分化。2018年非洲经济总量为2.3万亿美元，而尼日利亚、南非、埃及和阿尔及利亚四个国家就达到了1.27万亿美元，约占整个非洲的55%。② 第二，对外依存度高。2017年非洲区域内贸易占非洲大陆贸易总额的17%，而这一比例在欧洲是69%，在亚洲是59%。2018年非洲进出口银行表示，非洲内部贸易仅占非洲大陆每年1万亿美元贸易总额的15%。非洲内部的资源难以整合形成合力。

新能源的应用发展需要依靠本地需求的推动，即内生需求动力。然而非洲经济发展不平衡，各地区之间发展水平差距大，经济对外依存度高，内生需求动力不足，这些都限制非洲新能源发展的速度。

2. 政府引导与支持能力不足

新能源的发展需要大量资金、技术、劳动力等要素，同时需要政府的大力支持。然而非洲某些地区政局动荡，政府更替频繁，政府很少对此进行全盘规划统筹。同时非洲缺乏开发新能源的技术、资金，需要外部的资金投入与技术支持，但非洲各政府缺少对新能源的规划，使得外部投资者缺少政策支持，难以在稳定环境中投资。

目前，非洲的发展很大程度上受制于较低的能源开发水平，发展新能源无疑是非洲发展经济的最优途径。浙江在新能源产业领域发展良好，产能充沛；非洲资源丰富、市场潜力巨大，与浙江市场形成互利互补。浙非之间进行能源产能合作一定可以实现共赢。

---

① IEA. 2016年世界能源展望［R］. 2016.

② IMF. World Economic Outlook［R］. 2021 - 07.

三、政策建议

（一）技术升级，标准对接

标准化是浙资企业扩大行业影响力，实现对外发展的重要手段。浙江企业应充分发挥各自领域技术和市场优势，在加速知识产权成果产业化的同时，重视将技术方法和产业模式转化为行业标准、国家标准、国际标准的工作。

（二）强强联合，创新发展模式

在清洁能源领域，浙资企业多为“专精尖”企业，单一领域发展深入，但具备全项目运营能力的不在多数。因此，浙资清洁能源企业更应该在传统的苏丹模式、安哥拉模式、市场投资模式之外，重视能源共同体等涉及多个投资运营主体的投资模式。通过类似非独占性合作，浙资企业可以整合全球资源，提升自身在项目竞标阶段的竞争力，增加在国际与本地的影响力。

（三）加强政策引领，支持企业走出去

浙江开放高效的营商环境和服务型政府的管理理念，为敢为人先的浙商“走出去”提供了良好的政策环境与氛围基础。这是中国对外开放进程中的“浙江经验”。浙江商务主管部门以及对非合作相关机构应进一步推进“浙江经验”，在对非能源投资领域发挥引导作用，做好企业对非经贸合作的信息平台、资源网络与政策保障。

（四）挖掘新能源潜力，进行产能合作

相较石油等传统化石能源而言，清洁能源是非洲能源产业发展的全新领域，当前开发程度低，发展潜力巨大。就光伏能源而言，当前非洲光伏项目

的潜在安装量评估超过11吉瓦。浙江在新能源方面发展良好，产能充沛，浙资企业应该抓住非洲清洁能源的发展机遇，积极“走出去”。

（五）本地化经营，促进当地发展

浙资企业应牢固树立可持续发展理念，实现与非洲当地的和谐相处、共同发展。加大对当地员工的培训力度，同时帮助浙资员工尽快融入当地企业文化。通过为当地社区修路、资助办学、修缮设施等方式，促进当地社会经济的发展，提升浙资企业响力。

（六）金融创新，激励投资

对于民营企业占比较高的浙资而言，有限的融资和投资渠道是限制其实现海外发展的一个瓶颈。一般清洁能源项目具备收益稳定、投资透明、项目自身风险小等优势，从而是一种较好的金融投资项目。建议政策部门和金融机构在有效控制风险的情况下鼓励创新，拓展对非清洁能源项目的风险、价值评估手段，采用多样化的融资工具支持浙资对非能源投资。

第三篇
典型案例

海康威视：打造全球安防工厂

刘健敏　夏夕阳*

摘　要：海康威视通过短短二十年的发展，成为全球安防行业的领先品牌。本案例以海康威视的发展历程以及企业核心优势为主线，结合公司非洲业务范围及特点，阐述了海康威视飞跃发展的经验，并对其未来的发展方向做以简要评述。其中，本案例特别强调研发创新、国际化和产业链在其发展进程中的关键作用，为中国企业的自我发展和国际化探索提供借鉴和参考。

关键词：海康威视；研发创新；国际化；非洲；产业链

一、海康威视公司简介

海康威视（Hikvision）全称杭州海康威视数字技术公司，成立于2001年。公司是以视频为核心的智能物联网解决方案和大数据服务提供商，业务聚焦于智能物联网、大数据服务和智慧业务，构建开放合作生态，为公共服务领域用户、企事业用户和中小企业用户提供服务，致力于构筑云边融合、

* 作者简介：刘健敏，博士，浙江师范大学经济与管理学院、中非国际商学院讲师；夏夕阳，浙江师范大学经济与管理学院、中非国际商学院《中非产能合作发展报告（2020—2021）》课题组成员。

物信融合、数智融合的智慧城市和数字化企业。①

自2001年成立起，经过近十年的曲折发展，公司于2010年在深交所挂牌上市，同时开启了目标市场的网络化、高清化阶段。仅通过这短短十年的磨炼，就取得了傲人的成绩。2011年，海康威视视频监控全球市场占有率排名第一。② 公司将软硬件结合共促发展，在融合诸多数据资源平台的同时，大力发展智能应用平台，以及全面开放的生态赋能体系。2015年开始，海康威视开启了智能化发展阶段，陆续推出了诸多深度智能产品，2017年发布了AI Cloud架构，2019年发布了物信融合数据平台。③

海康威视秉承建设以“市场为导向”和“研发为核心”的双重驱动组织架构，坚持奉行“可靠性优先”原则，以“客户满意度”为导向，建立了高质量的研发、质控和销售网络体系。④ 与此同时，海康威视拥有强大的资本研发投入和高度协作的专家研发团队，2020年公司新增授权专利1270件，其中发明专利568件、实用新型198件、外观专利504件、新增软件著作权202件。截至2020年，公司累计专利4941件，软件著作权1240件。⑤

正是凭借创新的经营理念和良好的经营业绩，2016年海康威视荣登A股上市公司未来价值排行以及A股最佳上市公司榜首；2017年荣获“中国中小板上市公司价值五十强前十强”奖项；2016~2018年名列“CCTV中国十佳上市公司”；2019年荣获长青奖、可持续发展普惠奖等诸多重要荣誉。⑥

---

① 公司简介［EB/OL］. https：//www. hikvision. com/cn/aboutus/CompanyProfile/.

② 中电海康集团有限公司. IHS最新报告发布，海康威视再次荣膺全球视频监控市场份额第一［EB/OL］. http：//www. cethik. com/news_detail. aspx？c_kind = 1&c_kind2 = 8&id = 1318，2017-06-30.

③ 张阳. 海康威视深度研究：智能化打开成长新空间，AI Cloud构筑万亿物联蓝图［EB/OL］. 国泰君安证券，http：//www. xcf. cn/article/4d3fe0f2b18211e8a3350242ac110003. html，2018-09-04.

④ 走进海康威视考察，参观学习杭州海康威视的双核驱动组织架构［EB/OL］. https：//www. kaocha. org/newsshow/1214. html，2020-06-11.

⑤ 上海享迎数据科技有限公司. 智慧安防产业龙头海康威视［EB/OL］. https：//baijiahao. baidu. com/s？id = 1697485971815873410&wfr = spider&for = pc，2020-04-20.

⑥ 公司荣誉［EB/OL］. https：//www. hikvision. com/cn/aboutus/CompanyProfile/.

二、海康威视主营业务及其他业务概览

基于海康威视2020年年报①，本文总结了海康威视整体业务覆盖范围。由表1可见，海康威视整体业务分为四大板块，分别为事业群、创新业务、智能物联网和大数据服务。这四大板块互相关联、相互协作。

表1　海康威视整体业务情况

业务	分类	应用
三大事业群	公共服务事业群	公共安全、交通出行、自然资源、生态环境、市政城管
	企事业事业群	数字化企业、能源冶金、文教卫生、智慧建筑、金融服务
	中小企业事业群	海康互联、海康云商
八大创新业务	萤石网络	物联云平台，智能家居产品
	海康机器人	移动机器人，机器视觉
	海康汽车电子	车辆安全与车载智能产品
	海康微影	红外热成像，在线、手持及商用视觉产品
	海康智慧存储	固态硬盘SSD，存储卡，网盘等
	海康消防	一站式消防安全系统、一站式消防运营服务
	海康睿影	X光探测业务服务于智慧安检、工业制造等领域
	海康慧影	微型视觉、音视频互动服务于微创医疗、医学教育等
智能物联网	特殊环境物联设备	抗高低温、防腐蚀、防爆
	行业场景物联设备	智慧社区、交通、教育
大数据服务	基础、平台、数据、运用	算法仓库、模型仓库、组件仓库

资料来源：根据杭州海康威视数字技术股份有限公司2020年年度报告整理。

---

① 杭州海康威视数字技术股份有限公司．杭州海康威视数字技术股份有限公司2020年年度报告［R/OL］．https：//www.hikvision.com/content/dam/hikvision/cn/about-us/financial-report/report/2020Q4.PDF，2021-04-17.

（一）三大国内主营业务板块

为了满足不同场景应用需要，海康威视合理运用资源并且兼顾市场的多元化。经过2018年业务调整，现有业务覆盖超过70个行业，国内业务主要分为三大板块，分别是PBG（政府）、EBG（企业）和SMBG（尾部消费者）。PBG专注于公共服务、EBG为企事业单位服务、SMBG为中小企业服务。具体如表2所示。

表2　　海康威视三大业务板块

项目	业务板块		
	PBG（政府）	EBG（企业）	SMBG（尾部消费者）
业务内容	城市治理和服务	企业数字化转型	中小企业数字化能力提升
业务特征	感知＋数据＋认知	助力企业提升价值	一站式服务
业务构成	智慧城市数智底座、城市建设管理体系	AI开放平台、IVS行业运用、云眸	萤石开放平台、海康机器人、汽车电子
业务应用	公安、交通、司法	能源、楼宇、传统金融	用户终端

资料来源：永微资本．旷视科技招股说明书概览［EB/OL］．http：//www.brillcapital.com/news/2019－09－23/63.htm。

三大国内业务板块主要针对不同性质特点的用户群，着力解决产品的碎片化场景应用问题，使得公司的业务规划清晰，落地应用成效显著。三大业务板块各有发展特点，其中，近年来PBG业务的增速放缓，EBG和SMBG发展速度较快。2019年公司PBG营收占比为41.5%，EBG为33.6%，SMBG为24.9%。从增速来看，2019年PBG收入同比增速4.1%，2020年则下降为－5%，至59.68亿元，2019年EBG收入同比增加23.9%，2020年同比增长20%至59.14亿元。①

不同板块的发展与经济发展紧密相关。首先，随着中国“十四五”规划落地，政府将会投入大量的资金推出城市安防新项目，预期PBG业务将来会有显著的增长。其次，随着企业的数字化、信息化转型需求激增，已经并将

① 格隆汇．海康威视的内外变局［EB/OL］．https：//baijiahao.baidu.com/s？id＝1693121306031166637&wfr＝spider&for＝pc，2021－03－02.

继续带动 EBG 业务的收入增加。最后，虽然由于外部疫情影响因素使得公司 2020 上半年营收同比下滑 5.2%[①]，但在“后”疫情时代，随着个人用户对视频物联需求的提升以及产品多样化、个性化的大趋势不变，未来 SMBG 业务增长潜力巨大。从长期发展来看，社会经济发展更多是依赖于商业经济的发展，因此 EBG 的业务规模要大于 PBG。另外，随着市场细分，海康威视将会更加关注 SMBG 业务，关注服务渠道和工程伙伴，注重线上线下相融合，提升服务公司的运营效率和海康业务的影响力。总体来说，未来几年三大业务板块都具备快速发展的潜力和空间。

（二）八大创新业务板块

海康威视主要以智能物联网、大数据服务和智慧服务为服务方向，提供相关物联网产品，大数据平台产品及服务，以及一些智慧创新产品。海康威视有八个创新业务板块，分别是萤石网络、海康机器人、海康汽车电子、海康微影、海康智慧存储、海康消防、海康睿影、海康慧影，具体如表 1 所示。

近年来，海康威视在 AI 安防、机器人业务和视频 + AI 的投入和发展较快，取得了较理想的成绩。作为全球最大的安防厂商，海康威视是视频监控数字化、网络高清化、智能化的见证者、践行者和重要推动者。2011 ~ 2018 年，海康威视在综合安防领域连续 8 年蝉联视频监控行业全球第一，拥有全球视频监控市场份额的 24.1%。[②]

萤石网络下的服务机器人业务受到了业界的广泛关注。此业务基于“1 + 4 + N”产品和业务体系，其中 1 代表云平台服务，4 代表智能家居摄像机等公司主要的智能家居产品，N 代表智能摄像体系中的其他智能家居产品。基于公司 2020 年年报，萤石网络 2017 年、2018 年和 2019 年的净利润分别为

① 兰飞．首次覆盖：视频物联需求顺周期提升，全球竞争力进一步增强［R/OL］．西部证券，https：//pdf. dfcfw. com/pdf/H3_AP202102211464058905_1. pdf？1613978268000. pdf，2020 - 02 - 21.

② 新潮商评论．连续 8 年蝉联全球第一，这家中国的安防巨头，一年入账超 500 亿［EB/OL］. https：//baijiahao. baidu. com/s？ id = 1673713814085779100&wfr = spider&for = pc，2020 - 07 - 31.

0.37 亿元、1.19 亿元和 2.60 亿元。① 从这些数据来看，萤石网络旗下的萤石云、自有产品和其他生态产品已经形成了较具规模的业务体系并具有较大的发展潜力，预期未来的成长和规模将会不断增加。②

除此之外，作为人工智能的重要分支，2014 年推出的机器视觉业务也取得了傲人的成绩，已发展成为国内机器视觉应用的领跑者。机器视觉业务主要专注于工业视觉传感应用，光学技术，嵌入式硬件技术和底层算法软件。由海康威视设计制造的海康机器人还为汽车、3C、制造、物流、食品药品行业提供解决方案，有效降低了人工成本，提升了工作效率，帮助企业实现数字化管理运营。在面对本行业竞争者多且强的情况下，海康威视依然坚持发挥自我优势，不断为消费者提供个性化创意产品，最终使得本版块收益领先同行。

作为“视频+AI”云服务市场的领导者，海康威视于 2018 年正式发布海康云眸平台，其业务主要从零售行业向社区等细分行业延伸，为连锁行业用户提供连接、管理、智能和洞察的数字化转型解决方案。截至 2020 年底，已累计服务超过 15 万家零售门店、160 万社区业主、130 万学生家长、1 万余个办公场所、45 万物流节点、2000 家开发者，累计接入近 160 万台设备终端。③

（三）智能物联网与大数据服务

在未来无处不 AI 的时代里，智能物联与物信融合将是两大最重要的特点。智能物联是拥有智能的物体互联成网，是智能化时代的基础设施；物信融合是智能化时代的数据经络，是需求、是趋势、是必然。④

---

① 杭州海康威视数字技术股份有限公司. 杭州海康威视数字技术股份有限公司2020 年年度报告［R/OL］. https：//www.hikvision.com/content/dam/hikvision/cn/about-us/financial-report/report/2020Q4.PDF，2021-04-17.

② 兰飞. 首次覆盖：视频物联需求顺周期提升，全球竞争力进一步增强［R/OL］. 西部证券，https：//pdf.dfcfw.com/pdf/H3_AP202102211464058905_1.pdf？1613978268000.pdf，2020-02-21.

③ 巨潮咨询. 2021 年 4 月 18 日 -2021 年 4 月 30 日投资者关系活动记录表［EB/OL］. http：//www.cninfo.com.cn/new/disclosure/detail？orgId = 9900012688&announcementId = 1209890692&announcementTime = 2021-04-30%2016：44，2021-04-30.

④ 杭州海康威视数字技术股份有限公司. 智能物联、物信融合，迎接智能化新时代［EB/OL］. https：//baijiahao.baidu.com/s？id = 1629406113985304749&wfr = spider&for = pc，2019-03-30.

预计到2025年，全球物联网设备数量将达1000亿台，智能化正在为物联网行业带来变革。[①] 浙江省杭州市在《2020年杭州市政府工作报告》中提出，将以人工智能引领云计算与大数据、视频智能安防等优势产业发展，大力发展5G商用、物联网等新兴产业，增强杭州数字经济发展支撑力。[②] 海康威视数字技术股份有限公司高级副总裁徐习明指出："数字化转型通过移动互联网实现人的数字化，通过智能物联网实现机、物、环境的数字化，而5G、通信技术、云计算等作为支撑技术，使智能物联网和移动互联网技术能够无处不在。"[③] 由此可见，大力快速发展智能物联的重要性和紧迫性。

智能物联作为海康威视最主要的业务方向，将传统安防和人工智能新一代技术充分结合，将视频安防的场景应用进一步扩大，发展为视频物联。其中，海康威视主打的"泛安防生态圈"业务是智能物联网的重中之重。"泛安防生态圈"以图像识别为基础，在充分体现碎片化和非标准化特点的同时，构建智慧城市和社区、楼宇监控等。

海康威视在智能物联网领域，实现了几乎全栈的物联。2015年推出"猎鹰"和"刀锋"服务器，分别为视频结构化和车辆结构化提供服务。作为海康威视智能物联网平台，"萤石网络"提供了管理物联网设备的开放式AI云平台服务。截至2020年9月末，全球萤石物联网平台IoT接入设备约9500万台，注册用户超过6700万，月活跃用户超过2600万，日活跃用户超过1100万。[④]

在大力推广智能物联网的基础上，海康威视同时兼顾大数据服务的发展。"云边融合"和"物信融合"是大数据服务的两个发展重点。2017年，海康

---

① 赵鹏.2025年全球物联网设备数量将达1000亿台［N/OL］. 北京日报，https：//baijiahao.baidu.com/s? id=1678155613754655923&wfr=spider&for=pc，2020-09-18.

② 杭州市人民政府.2020年杭州市政府工作报告［EB/OL］. http：//www.hangzhou.gov.cn/art/2020/5/6/art_1229063401_1883633.html，2020-05-06.

③ 杭州海康威视数字技术股份有限公司. 海康威视徐习明：智能物联网在数字化转型中的四大趋势［EB/OL］. https：//baijiahao.baidu.com/s? id=1705385783590777193&wfr=spider&for=pc，2021-07-16.

④ 杭州海康威视数字技术股份有限公司. 杭州海康威视数字技术股份有限公司2020年年度报告［R/OL］. https：//www.hikvision.com/content/dam/hikvision/cn/about-us/financial-report/report/2020Q4.PDF，2021-04-17.

威视以“云边融合”引领智能应用发展趋势，创新性地提出了 AI Cloud 的边缘节点、边缘域、云中心的三级架构，提高对智能物联网的数据采集效率，通过云中心对数据进行分析，解决不同场景应用的问题，从而大力推进人工智能在物联网领域的发展和应用；“物信融合”于2019 年3 月推出，主要是将物联网和信息网的数据进行规模化结合，以保障数据安全。①

三、海康威视核心优势及发展布局

（一）大力投入研发及创新

海康威视自成立以来就坚持创新发展，不断加强对新产品的研发投入。如图1 所示，2011 ~2020 年，研发投入占营业收入的比重总体上呈逐年上涨

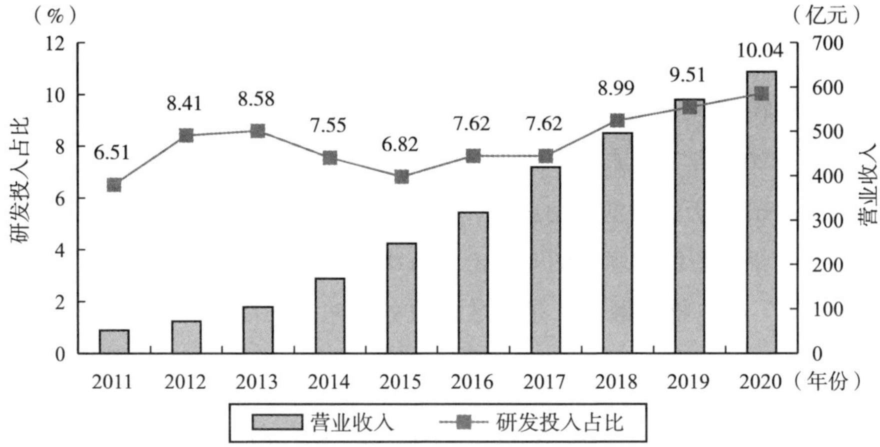

图1　2011 ~2020 年海康威视研发投入占比

资料来源：杭州海康威视数字技术股份有限公司．杭州海康威视数字技术股份有限公司 2020 年年度报告［R/OL］. https：//www. hikvision. com/content/dam/hikvision/cn/about-us/financial-report/report/2020Q4. PDF，2021 -04 -17。

---

① 西部证券．视频物联需求顺周期提升，全球竞争力进一步增强［R/OL］. https：//pdf. dfcfw. com/pdf/H3_AP202102211464058905_1. pdf? 1613978268000. pdf，2021 -02 -21.

趋势。值得注意的是，即使在初创时期，在公司营业收入并不乐观的情况下，海康威视仍大力投入、研发坚持创新，到2015年，在研发投入占比与2011年相似的情况下，实现了营业收入稳增；至2020年，公司研发投入达到63.79亿元，占到营业收入的10.04%。

除了大规模的研发资金投入，海康威视始终坚持“以人为本，共同成长”，以其开放、包容的人才管理制度汇聚了海内外各类人才。公司研发人员数占比常年保持在45%以上，且呈现出逐年增加的趋势（见图2）。公司采取股权激励政策鼓励人才与公司共成长，并在此基础上建立了管理与专业双序列的职业发展通道，实施多级人才培训机制，为公司的长远创新发展打下了坚实的基础。公司先后与30多所大学和科研院所开展合作，与100多个用户单位联合建立创新实验室，并于2017年建立了蒙特利尔研究中心和硅谷研究所，截至2018年海外分支机构增加至44家。[①]

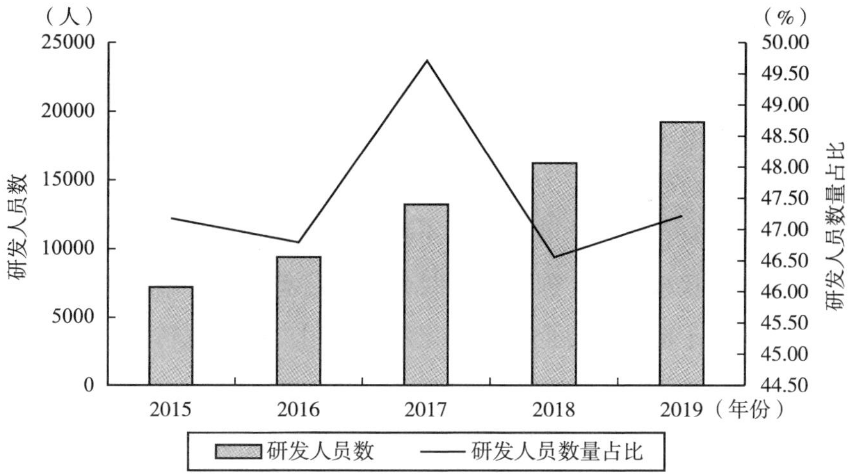

图2　2011～2020年海康威视研发人员数及占比

资料来源：杭州海康威视数字技术股份有限公司．杭州海康威视数字技术股份有限公司2020年年度报告［R/OL］．https：//www.hikvision.com/content/dam/hikvision/cn/about-us/financial-report/report/2020Q4.PDF，2021－04－17。

① 杭州海康威视数字技术股份有限公司．2017年度社会责任报告［EB/OL］．http：//quotes.money.163.com/f10/ggmx_002415_4282840.html，2017.

（二）积极开拓国际市场

海康威视的相关产品国内外市场占有率高，合作区域现已遍布全球。公司早在2003年就开始进行国际市场营销，并在100多个国家完成了“HIKVISION”商标的注册工作。[①] 2007年开始布局海外市场的自主品牌道路，在经历国际化1.0到3.0策略的基础上[②]，实现全球资源配置，不断提升品牌价值。与此同时，随着全球安防市场需求的增长，海康威视国际化步伐也在不断加速。2011～2018年视频监控市场占有率稳居全球第一，2018年市场占有率高达24.1%，2019年达到29.8%。[③]

早在2010年，海康威视计划募集资金投资修建比利时和洛杉矶两个物流与技术服务中心，推动相关产品本土化。比利时物流中心将覆盖整个EMEA市场（中东、非洲、欧洲）[④]。此项目的主要目的是为完善产品和方案的售后服务，实施定制化方案，减轻贸易壁垒和摩擦。海康威视2021年发展重点明确指出，要建设海外以国家为中心的销售服务网络，打造优质前线业务团队，打造公司海外蓝图。由此可见，海康威视的国外市场发展战略是有步骤和分地区逐步下沉的。

海康威视在海外设立了19个大区功能中心，下设66个分支机构，涉及营销、服务和研发合作，为共计155个国家和地区提供服务。[⑤] 随着疫情后全球经济复苏，从视频安防到视频物联相关产品需求及订单将进一步向海外拓展，这将有利于促进公司全球智能化落地和用户信息化转型。公司目前逐

---

① 王鑫．海康威视开拓国际市场的成功经验及启示［J］．对外经贸实务，2015（5）：73－76.

② 西部证券．视频物联需求顺周期提升，全球竞争力进一步增强［R/OL］．https：//pdf.dfcfw.com/pdf/H3_AP202102211464058905_1.pdf？1613978268000.pdf，2021－02－21.

③ 国盛证券．海康威视“脱钩”安防，腾飞在即［R/OL］．https：//img3.gelonghui.com/pdf/3bd39-770cd1ff-1645-4094-9ba9-6d0e7978f06c.pdf，2021－01－05.

④ 招商证券股份有限公司．杭州海康威视数字技术股份有限公司首次公开发行股票招股说明书［R/OL］．http：//pg.jrj.com.cn/acc/CN_DISC/STOCK_NT/2010/05/14/002415_ls_57949268.PDF，2010－05－14.

⑤ 新浪财经．海康威视2020年度净利增长7.82% 一季度净利增长45%［EB/OL］．https：//baijiahao.baidu.com/s？id＝1697202778374275891&wfr＝spider&for＝pc，2021－04－16.

渐打通了北美和非洲等地区的海外分销渠道，并加速推进下沉市场，形成差异化布局，促进海外业务稳健发展。

由图3可见，海康威视国际化营收占比越来越大，境外收入占总收入比重从2011年的16.64%增长为2019年的28.16%，2019年公司实现境外收入162.39亿元，同比增长14.4%。2020年，公司业绩虽受全球疫情影响较大，但凭借受全球市场青睐和应用的热成像测温产品，实现了2020年上半年境外营业收入的逆袭，增长达到8.6%，实现收入75.42亿元，全年实现境外收入占比31.07%，实现收入176.97亿元。①

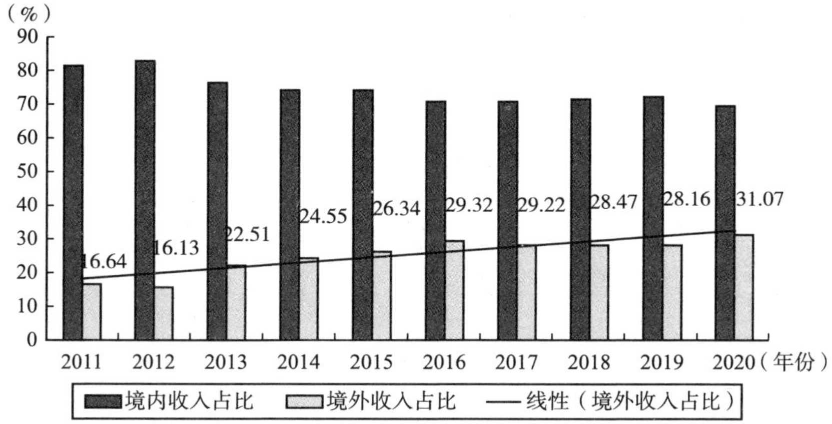

图3　2011～2020年海康威视境内境外营收占比

资料来源：根据杭州海康威视数字技术股份有限公司2020年年度报告和西部证券公司深度研究（海康威视）整理。

（三）大力进军非洲市场

近年来，非洲在经济快速增长的同时，也面临着严峻的治安形势。由于非洲本土的安防企业实力相当薄弱，因此非洲整体对进口安防设备依存度较

① 西部证券．视频物联需求顺周期提升，全球竞争力进一步增强［R/OL］. https：//pdf. dfcfw. com/pdf/H3_AP202102211464058905_1. pdf? 1613978268000. pdf，2021－02－21.

高。[①]“后”疫情时代，随着全球经济逐步恢复，非洲市场对于物联视频设备及服务需求将会大幅增长。非洲安防产品进口主要集中于工矿和商业监控，相较于欧美知名品牌，海康威视的产品性价比优势明显。

海康威视近年来加快了在非洲市场的发展布局，如表3所示，公司在2015～2021年分别在南非、尼日利亚、埃及、肯尼亚及摩洛哥分别建立子公司，开拓当地市场，支持公司非洲海外市场的快速发展。这些国家是非洲经济发展相对靠前的国家，这些国家的基础设施较为完善、信息资源流通性强、一些产业数字化进程也有基础应用。由此布局可见，海康威视在非经济活动首先主要集中在经济较为发达的国家，而后将非洲整个地区囊括在五个子公司下，这五个子公司所在地市场带来的经济效益将会快速带动周边市场衍生。这对海康威视是一个既充满机遇又面临诸多挑战的发展方向。

表3　海康威视在非子公司

子公司名称	地点	出资数额	出资比例
Hikvision South Africa（Pty）Ltd.	南非	—	全资
Hikvision West Africa Limited	尼日利亚	2880万元尼日利亚奈拉	全资
Hikvision Technology Egypt JSC	埃及	10万美元	全资
Hikvision Kenya（Pty）Ltd	肯尼亚	—	全资
Hikvision Morocco LLC	摩洛哥	180万迪拉姆	全资

资料来源：根据杭州海康威视数字技术股份有限公司2019年和2020年度报告整理。

南非是海康威视在非拓展业务最早的一个市场。2015年11月4日，海康威视宣布其位于南非约翰内斯堡办事处正式开始服务非洲市场。2018年海康威视在非洲约翰内斯堡布拉姆利开设新办事处，不仅服务于日常运营，还提供技术支持、销售支持、创新中心和本地仓储。2020年1月，海康威视南

① Tuya. 非洲安防产业落后有利于我国智能安防产品出口［EB/OL］. https://www.tuya.com/cn/industry-details/Kaphx9e5gx5xa，2021－06－28.

非工厂在约翰内斯堡开业。公司在南非的业务涉猎范围较广，从交通管理、零售解决方案、电力运输等，为南非的安防行业做出了重要贡献。

2020 年海康威视在摩洛哥设立子公司，以扩大在该地区的销售。该地区业务最大的客户为摩洛哥 BMCE 银行的 620 多家分行，海康威视为其总部提供了性能持久、适应性极强的摄像头整体安防解决方案，其中包括各种不同的监控摄像头，数量超过 100 台。除此之外，海康威视还为摩洛哥最大的加油站公司提供集中视频管理平台，不仅实现了人员管理，同时还涵盖了安全检测等专业服务。

未来十年，海康威视在非洲将有一个较可观的增长。根据 2019 年和 2020 年公司在南非和肯尼亚的货币资金部分数据分析可知，即使经历疫情，公司在南非和肯尼亚子公司也有足够的实力进行生产运营。如表 4 所示，其期初与期末货币资金差不仅可以保证日常运营支出，而且可以保障相关销售活动，增强公司资金流动性。通过比较南非与肯尼亚子公司货币资金数据可以看出，2019 年期初至 2020 年期末期间，南非子公司货币资金减少 401 万元以用于日常运营支出及相关销售活动，而肯尼亚子公司只用了 6.8 万元。

表 4　　2019～2020 年海康威视部分境外货币资金　　单位：元

币种	2019 年		2020 年	
	期初	期末	期初	期末
南非兰特	10599771	14990983.12	14977488.75	6582541.57
肯尼亚先令	61996	130032.80	—	—

资料来源：根据杭州海康威视数字技术股份有限公司 2019 年和 2020 年年度报告整理。

经过长时间的沉淀，海康威视在技术能力、客户资源、产业链配合上已经产生了很强的协同效应；同时展望未来非洲市场，在踏着非洲新兴国家安防市场蓬勃发展的大趋势，海康威视正在并将继续在智能视频技术、摄像机的可见性、多种安全系统的融合、企业数字化转型等主要领域大展宏图。

四、海康威视发展面临的挑战

与世界同行业巨头相比，浙江的两家企业海康威视与大华股份无论从市场份额还是营业收入都领先于世界其他主要竞争对手，但在企业经营、海内外市场发展以及全球产业链方面仍面临着不小的压力和挑战。

（一）企业经营方面

总体来看，如表5所示，2019年海康威视营业收入77.02亿美元，超全球安防世界前五强；市值方面，截至2019年，海康威视的总市值高达5178亿元；市场份额方面，2019年，海康威视拥有全球视频监控市场份额的29.8%，近乎占据全球视频监控市场1/3的市场份额；港澳台及海外市场方面，2019年海康威视港澳台及海外总收入162亿元，2020年176亿元。①

表5　　全球安防前五强（2019年）

排名	公司名称	国别	营业收入（亿美元）
1	海康威视	中国	77.02
2	大华股份	中国	37.84
3	Assa Abloy（Electromechanical and electronic locks）	瑞典	30.82
4	Bosch Security Systems	德国	22.40
5	Axis Communications	瑞典	12.48

资料来源：根据《安全与自动化》杂志内容综合整理所得。

就整体海内外业务而言，海康威视在存货周转率和净利润增长率方面仍

① 杭州海康威视数字技术股份有限公司．杭州海康威视数字技术股份有限公司2020年年度报告［R/OL］．https：//www.hikvision.com/content/dam/hikvision/cn/about-us/financial-report/report/2020Q4.PDF，2021-04-17.

有待加强。海康威视的存货周转率由 2016 年的 64 天增加到 2019 年的 98 天，至 2020 年底逐年递增至 123 天。[①] 同期相比，世界排名第二的大华股份则一直保持在较为稳定的水平，在 71 ~ 80 天左右。[②] 虽然 2016 ~ 2019 年海康威视净利润保持增长，但其净利润增长率却在逐年下降。[③] 这些表明来自同行和外部的竞争对手都具有较强的实力。

（二）海内外市场发展方面

从国内市场整体来说，经过二十多年的发展，以数字视频监控系统为代表的传统安防行业已经逐渐步入成熟期。随着 AI 的兴起，传统安防硬件领域受到冲击，安防行业将迎来人工智能的时代。2019 年中国安防行业总产值增速为 15%，行业总产值为 8260 亿元。[④] 2020 年虽受新冠疫情影响，行业总产值仍实现 3% 的增速，且行业总产值达到 8510 亿元。[⑤]

近年来，安防赋能领域的蓬勃发展使得一些巨头公司纷纷入场，如华为、阿里、腾讯、小米等都开展了视频安防业务。华为早在 2012 年就成立了智能安防业务部为物联网战略提供服务。[⑥] 2020 年 5 月 25 日，华为机器视觉发布“四无”生态型摄像机 HoloSensSDC，并强调要争做行业第一，可见华为来势汹汹且进军安防产业不是空话；[⑦] 与此同时，阿里通过阿里云的“城市大脑”“云上公安”等业务也在快速抢占市场；另外，小米智能家居产品和云平台

---

① 杭州海康威视数字技术股份有限公司．杭州海康威视数字技术股份有限公司 2020 年年度报告 [R/OL]. https://www.hikvision.com/content/dam/hikvision/cn/about-us/financial-report/report/2020Q4.PDF，2021－04－17.

② 深度分析：海康威视 VS 大华股份，是否值得我们更加持有？[EB/OL]. https://www.sohu.com/a/455493746_121050274，2021－03－13.

③ 杨烨，陈宏斐．对海康威视公司的财务分析 [J]．经济研究导刊，2021（2）：137－139.

④ CPS 中安网．2019 年全国安防行业总产值增长 15% 行业总产值 8260 亿元 [EB/OL]. https://www.asmag.com.cn/news/202001/102335.html，2020－01－10.

⑤ 2020 年全国安防行业全年增长率为 3%，全国安防行业总产值为 8510 亿元 [EB/OL]．半导体投资联盟，http://www.elecfans.com/d/1529109.html，2021－03－08.

⑥ 李晓光，石丹．海康威视：“安放第一稳了吗？”[J]．商学院，2020（12）：58－59.

⑦ 格隆汇．海康威视的内外变局 [EB/OL]. https://baijiahao.baidu.com/s?id=1693121306031166637&wfr=spider&for=pc，2021－03－02.

服务个人客户数量远超海康威视，公司的萤石网络设备数量约为小米公司的1/3，月活跃数量约为小米的1/7。[①]

从海外市场整体来说，世界安防业前两大公司海康威视与大华股份两家公司的海外市场规模都较为可观。值得关注的是，大华股份在非市场的拓展战略与海康威视在非策略较为相似。如表6所示，大华股份在非子公司同样覆盖南非、尼日利亚、肯尼亚以及摩洛哥，且也同样为全资子公司，这就给海康威视未来的非洲市场份额的抢占及开拓带来了不小的挑战。

表6　　　　浙江大华股份在非子公司

子公司名称	地点	出资比例
大华南非公司	南非	全资
大华肯尼亚公司	肯尼亚	全资
大华摩洛哥公司	摩洛哥	全资
大华尼日利亚公司	尼日利亚	全资

资料来源：根据浙江大华技术股份有限公司2019年和2020年年度报告整理。

（三）全球产业链方面

供应链的及时性和完整性一直是产品生产非常重要的环节。供应链风险包括供应链的安全、供应链质量的保证、供应链的交付能力。在全球新冠疫情及中美关系紧张的大形势下，全球半导体产能不足，许多行业出现明显的供货紧张，造成了供应链不稳定的局面。

长期以来，海康威视十分注重产业分工及供应链关系，对于供应商所在国及区域的选择和原材料物料的选择都是精挑细选并积极维护长期合作关系。海康威视从2019年5月开始实行高库存政策，以稳定上游供货紧张带来的波

① 顾天娇．海康威视分析萤石网络的逻辑［J］．英才，2021（Z1）：40-41.

动，[1] 如图 4 所示。除此之外，公司通过加大基础领域的研发力度，提升底层技术积累，在保证产品性能不变的前提下用新的设计方案替代老旧产品，并通过增加库存的方式来换取更长的替代处理时间。另外，作为行业的龙头企业，海康威视具有极强的卖方议价能力，大规模集中化采购和生产有效地降低了生产成本，为渠道营销和研发投入留出了更多的资金。[2]

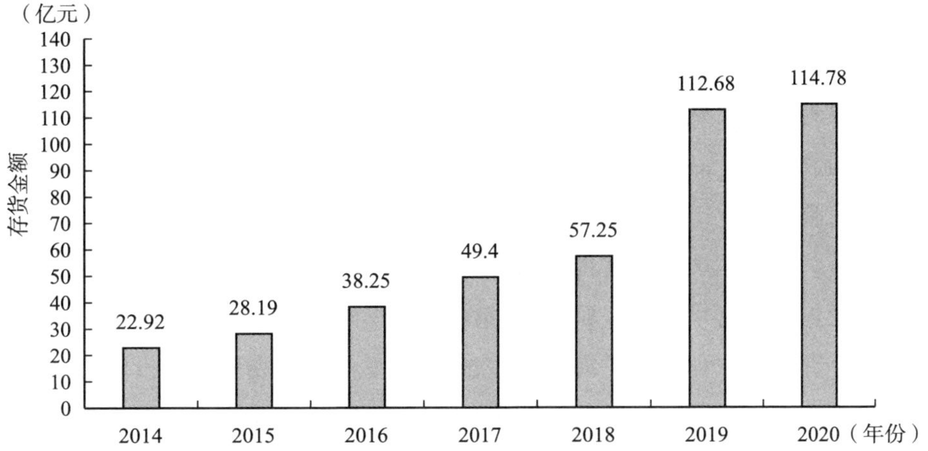

图 4　2014～2020 年海康威视存货情况

资料来源：根据杭州海康威视数字技术股份有限公司 2014～2020 年度报告整理。

然而，即使拥有较强的供应链结构，供应链风险及复杂的外部环境风险的存续也是不可避免的。在贸易摩擦背景下，中美双方之间的摩擦从未停止，2019 年 10 月 8 日海康威视正式被美国商务部纳入“实体清单”。由于海康威视并不实施向上游垂直一体化的战略，因此对外部供应商的依赖程度较高，而其中部分企业又是美国企业。目前，海康威视前端摄像头产品基本能实现国产化，中后端产品的供应链去美化难度高于前端设备，高端芯片则多是来

① 财联社快讯．海康威视：长期来看半导体紧缺会带来很多挑战，将延续高库存策略［EB/OL］. https：//m. jiemian. com/article/5975065. html，2021－04－19.

② 李浅铖．基于哈佛分析框架的海康威视公财务分析［D］. 南京：南京邮电大学，2020.

源于美国的英伟达、英特尔。① 与此同时，因为海康威视所使用的芯片中有很大一部分的中高端芯片采用由华为海思提供的海思芯片，一旦华为大举进军安防，两家公司势必会成为同行业竞争对手，势必会影响海康威视的发展。②

五、总结

经过二十几年的发展，海康威视的整体发展布局取得了良好的效果，形成了由点到面的研发创新体系、有针对性的业务群、稳固的规模化生产和不断完善的创新型产品体系。从行业覆盖面来看，海康威视不仅在传统安防领域具有完整的产业链，而且紧跟时代，在顺应“智能化 + 泛安防”发展趋势的基础上，积极拓展人工智能相关领域。从市场覆盖面来看，海康威视对海外市场的拓展具有丰富的经验和足够的实力，在未来将有望推动整个行业创新发展。其中，非洲市场是海康威视的新蓝海。海康威视在非投资发展的总体布局由点及面，从经济基础较好的国家向其他国家及地区延展，在发挥自身竞争力的同时，结合不同非洲国家的需求设计具体解决方案，预期未来十年，海康威视将在非洲有较为可观的增长。然而，随着国内市场竞争压力的加大及国际形势不确定性的增加，海康威视也面临着一些挑战，如存货周转、同行竞争及芯片依赖等问题。面对这些在企业做大做强的过程中不可避免的问题时，海康威视也在积极调整，加大科研创新投入，拓展国际市场及完善全球供应链。相信海康威视将能够继续保持世界安防龙头的地位，不负“全球安防工厂”的美誉。

---

① 徐涛，胡叶，倩雯，郑泽科．安防行业：海康威视的产品结构及供应链研究［EB/OL］. 金融界，https：//baijiahao. baidu. com/s？ id = 1634288885289560143&wfr = spider&for = pc，2019 －05 －23.

② 格隆汇．海康威视的内外变局［EB/OL］. https：//baijiahao. baidu. com/s？ id = 1693121306031166637&wfr = spider&for = pc，2021 －03 －02.

万邦德：打造中非医药合作民企样板

张巧文　金伊特*

摘　要：本案例介绍了万邦德如何“走出去”拥抱非洲新机遇，“引进来”实现公司医药产业升级，“集群化”联合中资企业、协会、科研机构深耕非洲市场，以及如何后来居上，从对非投资的后来者，发展成为中非医药合作民营企业样板。万邦德的非洲发展之路对其他企业的非洲发展战略具有启示意义。

关键词：中非医药合作；境外并购；技术寻求；产业回归；产业升级

一、公司简介

万邦德集团始创于1978年，是一家大型民营控股企业集团，同时也是一家集医药制造、医疗器械、铝加工、有色金属贸易于一体的多元化集团公司，其总部位于风景秀丽的东海之滨、新千年第一缕阳光首照地——浙江温岭，拥有一家上市公司——万邦德医药控股集团股份有限公司（股票代码：

* 作者简介：张巧文，博士，浙江师范大学经济与管理学院、中非国际商学院讲师；金伊特，浙江师范大学经济与管理学院、中非国际商学院《中非产能合作发展报告（2020—2021）》课题组成员。

002082）。集团旗下16家子公司遍及美洲、非洲及国内诸多省市。

和许多浙商一样，万邦德董事长赵守明踏着改革开放的浪潮，从补鞋、修拉链等最艰苦的行业起步，缔造了一个现如今拥有涉及铝型材、制药、医疗器械、轴承与钢球四大制造产业的大型民营集团公司。① 从专业生产轴承、到发展铝业、到进入制药行业，再到现如今确立转型医药的战略方向，万邦德一路以高科技、高附加值、高市场容量为特色的高质量发展为目标，不断求变，开拓创新，不断深化医药大健康产业发展战略。在中非战略伙伴关系稳步推进的背景下，万邦德全面实施“引进来、走出去、集群化”中非协同发展战略，推动医药产业深耕南非、覆盖非洲、辐射欧美，逐步发展成为医药领域对非合作的民营企业典范。

二、“走出去”拥抱非洲新机遇

中国历来重视对非医疗卫生合作，2015年召开的中非合作论坛约翰内斯堡峰会提出的“十大合作计划”就包括“中非公共卫生合作计划”；2018年中非合作论坛北京峰会提出的“八大行动”中则包括“实施健康卫生行动”。在2020年召开的中非团结抗疫特别峰会上，非方呼吁与中方在诊疗、药物、疫苗研发等方面加强合作，助力非洲国家增强应对疫情能力。可以说，国家层面的重视推动了大批中国医药企业“走出去”到非洲。截至2019年，中国从事对非医药贸易的企业由2010年的5000多家升至1万多家，医药贸易额由2010年的约13.1亿美元增至约29.31亿美元。②

新冠肺炎疫情的暴发促使非洲国际医药合作意愿空前强烈，非洲应对疫情财政空间有限，医药领域亟待私人资本填补缺口。非洲已经意识到医

① 胡迪．服务实体经济 扛起国资担当 浙资运营助力民企转型升级［EB/OL］．浙商网，https：//biz.zjol.com.cn/zjjbd/ycxw/201907/t20190722_10636562.shtml，2021－05－26.

② 中国医药保健品进出口商会．2019年度中非合作医疗报告［R/OL］．http：//images.mofcom.gov.cn/ml/202005/20200520041237963.pdf，2021－03－25.

药产业发展对于经济社会发展的重要性，并正在努力减少对进口药物的依赖，不断对医药本地化生产提出要求。非盟制定了《非洲制药业发展规划》（*Pharmaceutical Manufacturing Plan for Africa*），以确保药品供应的稳定性。区域层面，南部非洲发展共同体、东非共同体、东南部非洲共同市场和西非国家经济共同体均把制药业列入本区域发展规划，在政策、资金等方面给予支持。[①] 南非等多个非洲国家也出台了相应的医药工业发展政策。在非洲经济发展速度增长的情况下，一旦建立起完整的产业链和供应链，消费市场的发展潜力巨大。而这巨大的消费市场需求吸引了大批海外企业角逐非洲，而万邦德就是其中积极的践行者。

（一）结缘南非：资本、产能与技术联姻

2015 年，在“十三五”规划建议中，生物医药及高性能医疗器械被列为重点突破的领域。彼时的万邦德有资本、有产能，在制药领域取得不俗成绩，但在高端医疗器械领域内仍缺乏领先全球的先进技术和经验。如何通过引进先进技术发展医疗器械就成了万邦德补齐医药产业短板中亟待解决的现实问题。往往这类技术寻求的对外投资会选择发达国家，但万邦德却选择了南非这一新兴市场国家。用赵守明的话说，“恰巧我有个好朋友在南非，通过牵线搭桥，很快找到了合适的企业”[②]。由此，似乎是“偶然”打开了万邦德结缘南非的大门。但区别于传统意义上寻求效率或者寻求资产的对非投资，万邦德是奔技术去的。

然而，“偶然”的背后是“必然”。一是，万邦德升级发展需要引入高端医疗器械产业，以打造一个完整的大健康产业链。二是，中国与南非双边贸易来往频繁，南非是中国在非洲最大的直接投资存量国。两国在众多产业领域都具有较好的产能互补性。正如万邦德集团副董事长许奇勇所言，“南非

---

① 中国医药保健品进出口商会 . 2019 年度中非合作医疗报告［R/OL］. http：//images. mofcom. gov. cn/ml/202005/20200520041237963. pdf，2020 - 03 - 25.

② 周旻澍，吴敏力 . 万邦德药业南非掘金记：走进“巴法纳”［N］. 台州日报，2016 - 08 - 07.

企业相信中国企业有实力，希望借助中国的市场和发展力量来让自己变得更强大，从而更好地占领非洲市场。而我们希望借助他们弯道超车，直接进入高端医疗器械市场”[①]。三是，万邦德有明确的并购目标。综合到战略性和可行性，万邦德希望并购的对象是具有技术先进性的国际化公司，但又不是行业顶级企业。这被“看中”的符合条件的企业正是爱力特（Elite Surgical）和特迈克（Tecmed Africa）。其中，爱力特公司创办于1973年，一直从事骨科植入物与手术器械研发，脊柱、关节、创伤、神经外科等各类植入物技术总体完备，产品系列化、多样化程度与脊柱系列植入物与手术器械的技术全球领先，脊柱融合器产品突破了3D打印技术。公司现有6类产品通过美国FDA认证、18类产品取得欧盟CE证书。[②] 而特迈克公司创立于1992年，是非洲医疗器械的领军者。创立之初一直代理德国西门子、日本东芝、美国瓦里安等国际医疗设备巨头36个系列医疗仪器设备。公司拥有一支庞大的研发工程师团队，具有较强的医疗设备维修和再制造能力。特迈克公司同时是南部非洲最大的医疗设备代理销售和维保服务商，以及医院建设“交钥匙”工程承包商，在南部非洲主要国家设有办事处，拥有超过500家医院客户。[③]

2016年1月，万邦德在南非投资成立安兰医疗（中国）有限公司，并以此为基石，成功并购了这两家公司，完成了万邦德与这两家海外企业的联合重组。相较于其他投资方式，并购能够做到既有利于集团产业结构的调整、有效降低企业的交易费用，同时也能产生规模经济和协同效应，从而增强企业的核心竞争力。

“走出去”将集团的产能与资本和海外的研发技术形成合力，做大做强实现共赢。此番收购成功补上万邦德的研发短板，也为万邦德进入医疗器械

① 温岭新闻网. 跨越“好望角”，走出去引进来——万邦德集团南非掘金记［EB/OL］. http：//wlnews. zjol. com. cn/shxw/201911/t20191113_11351502. shtml，2021－05－27.

②③ 万邦德医疗科技有限公司官网，http：//www. wepon. cc/about. html.

这个领域的核心技术环节缩短了至少10年的时间。[①] 同时，为了更好地将并购企业的技术产业化，万邦德在国内也收购了两家专业生产医疗器械的企业。这次成功的海外收购增强了万邦德做强骨科高端医疗器械的信心，立志建设亚洲最大的骨科器械生产基地，做齐脊椎、关节、创伤、运动医学等骨科医疗器械中的四大系列。同时，万邦德还以南非为桥头堡，用好中国的制造能力和资本实力，把更多药品和医疗器械产品出口到缺医少药的非洲。此番海外收购的成功坚定了万邦德的非洲发展之路。

（二）跨文化胜任：多重距离下的组织响应

企业“走出去”到海外市场的过程中，跨国企业既嵌入在东道国市场，也嵌入在母国的网络。东道国与母国之间的地理差距、文化差距和制度差距等多重距离对跨国企业跨文化胜任力提出了较高的要求。

中国与南非之间的多重距离为万邦德的并购活动带来了巨大挑战。在最开始与特迈克公司谈判时，特迈克公司的董事总经理对中国的印象仍停留在中国改革开放初期，这一刻板认知极大地阻拦了两家企业形成初步合作意图。归根结底，这是国家间多重距离和由此带来的在企业跨越国家制度和文化的边界进行扩张的过程中，企业对东道国环境的复杂性和不确定性的认识的有限性和学习能力的差异造成的。如何改变他们的这种刻板印象？第一次谈判刚结束，赵守明就邀请特迈克代表团来中国考察，让他们亲眼看到中国的进步与发展。从上海到宁波再到温岭，从乘坐高铁到参观企业。在考察结束之际，特迈克公司董事总经理心中的“中国印象”发生了翻天覆地的变化。这为谈判桌上的进度按下了快进键。

并购后的整合对于并购成功十分关键。中国和南非法律法规、风俗习惯上的差异也使得万邦德和并购公司天然地在企业文化上存在着距离。对此，万邦德在并购后的管理上就入乡随俗：薪酬上，配合南非公司的惯例发周薪；

① 沈海洲，王依妮．温岭制造业的“走出去”与“引进来”［N］．台州日报，2019-10-30.

规矩上，尊重南非公司依章办事的方式。

此外，南非人做事十分严谨，甚至可以用古板来形容。特迈克合作的客户中有500多家医院，万邦德本以为可以通过上述渠道将一些国内有关产品卖到这些合作医院；但特迈克却认为，术业有专攻，它们专卖磁共振等大型设备，就不应该卖其他的产品。就算是同类产品，想要通过它们的渠道销售，也要通过它们的考核和质量评定。上海有一家大型磁共振、CT等设备生产企业想通过特迈克开拓非洲市场，也是等待两年通过特迈克严格的考察和考核后，才被允许其中一款产品进入它们的销售渠道。

因此，对于万邦德而言，此次并购引进的不单单是技术，还有南非这两家国际化企业先进的管理理念。多重距离导致了多重的挑战，但万邦德能够尊重差异并且积极响应差异，这不仅培养了万邦德的跨文化适应力，也为开拓南非以及其他非洲市场积累了学习经验。经过这几年的磨合，万邦德和并购企业之间整合顺利。如今特迈克已成为南非公立医院采购的首选供应商，爱力特销售网络已全面覆盖东南非市场，并辐射美国、欧洲、中东、澳洲。

（三）产业升级：修炼内功做强医药板块

在完成南非的收购业务后，万邦德医疗器械板块逐步做大，共形成了医药制造、医疗器械、铝加工、有色金属贸易四大业务板块。其中，铝加工和有色金属贸易板块虽然规模大，但不够强，整体盈利能力弱。“多主业”快速发展需要消耗大量资源支撑，因此自2017年12月起，万邦德逐步控股从事高端医疗器械研制、生产和提供医院工程服务等业务的万邦德医疗，从事骨科医疗器械研究、开发、生产和销售的浙江康慈医疗科技有限公司，和从事现代中药、化学原料及化学制剂研发、生产和销售的万邦德制药，[①] 拟调整产业战略，集中资源做强医药和医疗器械板块。

---

① 证券时报网．万邦德产业战略调整，聚焦医药制造和医疗器械大健康产业发展［EB/OL］. https：//baijiahao. baidu. com/s？ id =1677724163355251819，2021 -05 -19.

现阶段，医疗制造板块和医疗器械板块收入占公司的收入比重较低，但其对公司利润影响大。其中，2020 年，医药制造业务和医疗器械的毛利率分别为 82. 34% 和 25. 84%，而有色金属的加工和贸易的毛利率仅为 12. 62% 和 0. 35%。[①] 因此，集中精力和资源做强做大医药制造和医疗器械业务成为万邦德战略转型的选择。2020 年 9 月 13 日，为了更好地进行产业升级，万邦德宣告，公司拟作价约 13 亿元出售所持栋梁铝业 100% 股权、湖州加成 51% 股权，[②] 以“辞旧迎新”，剥离传统资产巩固产业升级效果。

万邦德明确表示，公司未来将以实业发展为基础，充分利用资本市场平台，形成以医药制造和医疗器械为主的产业布局。一方面，加快新药品研发质量和进度，加速拓展市场占有率；另一方面，以打造骨科植入式器械中国第一品牌为目标，提升医药器械的竞争力和创新能力。通过修炼内功，板块协同，中非联动，深化医药大健康产业发展战略。

三、后来居上：打造中非医药合作民企样板

万邦德积极响应国家和浙江省有关政策，开展“走出去、引进来、集群化”中非协同发展战略，有效地嵌入母国和东道国的网络，充分利用国内国外两种资源两个市场，积极打造成民营医疗企业非洲发展的样板。

（一）顺势而为：并购再回归

近年来，浙江省委、省政府不断推出新的对外开放重要举措，包括以更大创新力度建设高质量外资集聚先行区和境外并购回归产业园、充分发挥世界浙商作用，打造各具特色的“华商之窗”等，号召企业精准实施“境外并

---

① 万邦德医药控股集团股份有限公司 2020 年年度报告［R/OL］. https：//pdf. dfcfw. com/pdf/H2_AN202104271488234597_1. pdf？1619565517000. pdf，2020 －05 －18.

② 万邦德拟 13 亿清仓铝业资产聚焦主业赵守明入主三年 34 亿并购转型大健康［EB/OL］. 长江商报，http：//www. changjiangtimes. com/2020/09/609319. html，2021 －05 －20.

购、产业回归”战略。在此号召下，2018 年万邦德在并购南非项目后回归温岭，着手打造“万邦德中非医疗科技产业园”。万邦德中非医疗科技园位于温岭新区，是浙江省重点工程项目、浙江县市长工程项目。项目一期工程于 2018 年 11 月动工，动工的同时引进海归、“国千”和“省千”等人才和一批优秀项目与优秀团队到产业园。项目占地面积 14 万平方米，首期投资 8 亿元人民币。[①] 2020 年 11 月，中非医疗科技园项目顺利通过竣工验收，2021 年第一季度医用高分子生产线开始建设。

项目通过引进南非高端骨科植入医疗器械产业化等新技术和高端产品，在温岭落地转化，生产填补国内空白、替代进口的人工脊柱、关节、创伤、运动医学、神经外科等医疗器械系列产品。[②] 按照“高度自动化 + 信息化、智能化”的定位，打造了集研发、生产、销售于一体的、亚洲一流的医疗器械“综合体”以及亚洲最大的骨科器械生产基地。

万邦德的并购再回归既是万邦德顺应国家“一带一路”发展倡议，响应浙江省委、省政府“境外并购、产业回归”号召的表现，也是万邦德实施大健康产业国际化“走出去、引进来”发展战略的重大举措。万邦德通过海外并购成功实现了跨越式发展，通过万邦德全球价值链、产业链的布局，引进尖端技术，抢占市场发展制高点，通过全面实施“引进来、走出去、集群化”中非协同发展战略，实现了医药产业深耕南非、覆盖非洲、辐射欧美。

（二）产学合作协同：做深做专非洲市场

万邦德深信只有做深做专，才能做强做大，这一理念在集团业务战略转型时可见一斑，也在非洲市场得到实践。现阶段，万邦德在非洲以南非为基

① 根据 2020 年 11 月 21 日召开的“疫情背景下中非经贸合作的机遇与挑战”学术研讨会有关内容整理。

② 刘振清．万邦德中非医疗科技园钢结构主体封顶把“产业回归”项目做快做精［EB/OL］．温岭新闻网，http：//wlnews. zjol. com. cn/shxw/201911/t20191121_11384172. shtml，2021 - 05 - 28.

地，通过肯尼亚、纳米比亚、毛里求斯、博茨瓦纳等国的子公司（见表1）不断拓展业务。与此同时，万邦德积极联合外部资源，与浙江师范大学非洲研究院、中非民间商会，共同建设成立“中非医疗产业合作研究院”这一智库平台。该平台主要由三个部分构成，即对非健康医疗综合服务平台、中非医疗卫生企业合作国际论坛、中非国际合作产业园。①

表1　　万邦德在非洲子公司分布情况

子公司名称	注册地	主要经营地	业务性质
Anglorand Medical（Pty）Ltd（安兰医疗公司）	南非	南非	制造业
Tecmed Properties（Pty）Ltd（特迈特地产公司）	南非	南非	租赁业
Tecard Pty Ltd	南非	南非	租赁业
Elite Surgical Supplies（Pty）（艾力特公司）	南非	南非	制造业
Erf218 Pretoria West（Pty）（艾力特地产公司）	南非	南非	租赁业
Tecmed Africa（Pty）Ltd（特迈克非洲公司）	南非	南非	贸易业
Tecmed Care Pty Ltd	南非	南非	贸易业
Tecmed Engineering Pty Ltd	南非	南非	贸易业
Tecmed IT Pty Ltd	南非	南非	贸易业
Tecmed Pharma Pty Ltd	南非	南非	贸易业
Africa Finance Rental Services Pty Ltd	南非	南非	贸易业
Tecmed Medical Distributors Namibia	纳米比亚	纳米比亚	贸易业
Tecmed West Medical Distr Pty Ltd	纳米比亚	纳米比亚	贸易业
Tecmed International Ltd Mauritius	毛里求斯	毛里求斯	贸易业
Tecmed International Ltd Kenya	肯尼亚	肯尼亚	贸易业
Tecmed Pty Ltd	南非	南非	贸易业
Tecmed Imaging Pty Ltd	南非	南非	贸易业
Tecmed Botswana Pty Ltd	博茨瓦纳	博茨瓦纳	贸易业

资料来源：万邦德医药控股集团股份有限公司2020年年度报告。

① 选自万邦德集团介绍的相关内部资料。

通过“对非健康医疗综合服务平台”，万邦德牵头中非民间商会医药企业对受新冠肺炎疫情严重的非洲国家进行友好捐赠，获取非洲国家的医疗物资采购订单，推动中国防疫药械在非洲国家的应急审批，并研究新模式，推动中国药品医疗器械法规标准、注册认证、检验检测体系走向非洲，为中国医疗医药企业争取绿色审批通道。

“中非医疗卫生产业合作国际论坛”则由浙江师范大学非洲研究院牵头，浙江省政府相关部门和地方政府主办，协议三方配合协办，就推进中非医疗卫生领域的科技、产业、智库、教育合作展开研讨、对话，形成知识产品、观念共识，为筹建“中非医疗卫生产业企业联盟”创造条件，提升协议三方在中非医疗卫生产业界的影响力，宣传协议三方相关对非合作项目。

而“中非国际合作产业园”是将万邦德在南非打造的产业园与国家抗疫对非战略、浙江对非经贸发展战略相结合，提升高度。将在南非打造的产业园和温岭中非医疗科技产业园与中国—南非双向免税自贸区相结合，激励浙江省内更多企业走进非洲，加强对非洲的投资及经贸合作，促进适应非洲需要的浙江优势优质产能及产业标准特别是医疗产业标准的输出，助推非洲产业发展，培育更多本土国际化企业。

通过打造三个合作协同平台，万邦德不仅有效地服务中非医疗合作和经贸合作的国家战略，而且带动产业链相关企业协同“走出去”到非洲，扩大中资医疗企业在非洲的影响力，这也为万邦德高质量地做深做专非洲市场提供了不可或缺的知识、网络和资源。

（三）制胜非洲：一心“深耕”走到底

万邦德在巩固近五年“引进来，走出去”中非协同发展成果的同时，对于未来在非洲的发展也有着清晰的规划。万邦德专门制定了“2021 年非洲发展计划”，其中提到，“实施‘深耕南非，辐射全非’战略，发力延伸市场网络，发力建设产业基地，发力拓展业务领域，用足‘非洲万邦德’示范效应，将万邦德打造成为中国民营企业走向非洲发展的领军企业，同时携手中国企业组团‘走出去’”。

为实现这一目标，万邦德一方面全力拓展特迈克公司业务，扩大肯尼亚和津巴布韦办事处，以万邦德投资的名义投资私立医院和公私合作医院，争取成为医院建设交钥匙项目的总承包商等。另一方面加快开拓新业务，抓住疫情重创南非耗材销售公司有利时机，引进耗材销售团队，加快医疗耗材和防护用品销售；做到“三大对接”：一是对接在非洲发展的中国医药企业、中国援非医疗队和援建医院，加快推进万邦德中国和南非制造医药产品在非洲国家的注册认证与销售，二是对接非洲药品医疗器械制造商和批发商，为万邦德旗下中国公司争取OEM订单，三是对接南非科学家，开展新药技术合作。[①] 同时，为了进一步整合资源，推动中非协同发展，万邦德计划在南非打造“南非工贸智慧小镇”——一个集制药与医疗器械等工业产业化（智能制造）、轻工业商品流通批发集聚化（网络）、旅游与休闲并重、健全社区功能于一体的小镇。

作为投资非洲的后来者，万邦德始终怀着深耕非洲走到底的决心，“走出去”到非洲的同时，乘势而上，在深耕非洲的路上越走越稳、越走越好。

四、启示

新冠肺炎疫情暴发重创非洲经济和卫生系统，也为国际与非洲开展医疗卫生合作带来大机遇。中非医疗合作以强大的市场互补性以及政府间所创设的不断利好的战略政策吸引着大批中资企业。作为赴非洲投资的典型代表，万邦德的发展经验对其他投资者极具启示意义。

---

① 选自万邦德“2021—2023 非洲发展计划”。

第一，认清政策形势，明确企业战略和发展方向。中国企业“出海”从无至有、从有至兴、从兴至盛、从盛至稳，都是中国企业一步步探索而来的。万邦德在非洲行稳致远，一方面得益于对中国和非洲投资政策、中非医药产业发展方向的清晰认识和把握；另一方面投资被认为全球风险最高的地区之一的非洲，是勇于拼搏的企业家精神和强大的风险管理能力的体现。但从以跨国并购的方式“走出去”到顺势而为“并购再回归”，再到中非联动集中资源做强医药板块，这一系列动作的成功无不得益于明确的企业战略规划和清晰的国际化发展方向。非洲医疗产业是全球投资的蓝海市场，但切忌盲目“走出去”，投资非洲高回报伴随着高风险，必须全面审视宏观环境和产业政策，并与企业自身发展需求有机结合。

第二，正视多重差距，积极开展组织学习。非洲 54 个国家，无论在政治体制、社会环境、文化传统，还是在资源禀赋等方面，都与中国有着极大的差异，这些因素在塑形非洲独特的政治形态、经济结构、商业文化过程中都起着极其重要甚至是决定性作用。因此在海外投资过程中，企业务必正视中国与非洲东道国制度、文化、认知等方面的距离问题以及由此引发的相关风险。万邦德自 2016 年并购南非企业的五年多来，深入了解南非国家的法律法规、文化习惯，充分尊重并购企业的管理模式和企业文化，才得以并购后整合顺利。因此，无论采用何种投资方式，中国企业不能将国内的规则照搬到非洲，要理解非洲投资东道国的环境，投资前做好尽职调查，充分了解投资目的国和投资对象的情况。同时可以联合协会和智库机构，为企业提供更为专业、精准、及时的信息及相关服务，逐步积累海外知识，以更精准地把握投资方向，减少经营中不必要的风险。

第三，注重并购后整合，实现并购价值最大化。在国际化活动中，跨国并购作为企业快速进入东道国市场、扩大生产规模、提升生产效率的有效方式，已经成为众多企业海外扩张和价值创造的战略选择。而并购成功与否在很大程度上取决于并购后的整合，这也正是新兴市场企业所必须克服的挑战。类似万邦德，在中国企业向东道国企业寻求技术和先进管理经验等战略资产的并购中，东道国被并购企业所拥有和控制的资源在一定程度上决定了并购企业对其依赖的程度，从而形成双方企业资源依赖的不对等。中国企业要根据资源依赖情况，采取不同的对应战略，从对被并购企业的高度依赖逐步过渡到联合依赖。战略资源寻求的并购并不以掌控管理权为目的，而是应该赋予并购企业自主权，同时逐步增加战略指导，来实现并购价值的最大化。

国际小水电中心：将浙江小水电扶贫经验推向非洲

姚　丹　李一鸣　中非能源投资合作报告编写组*

摘　要： 低密度的电网覆盖水平和高昂的发电成本长期影响着非洲的电力供应，使非洲的经济发展受到严重制约。因此，提高非洲地区的电力普及成为非洲经济发展的必要条件。基于非洲丰富的水能资源禀赋和我国先进的水电技术，清洁且高效的小水电在中非经贸合作中成为坚实的桥梁。本案例通过分析国际小水电中心“点亮非洲”项目来探索非洲经济腾飞道路上能源基础设施建设的最优路径。

关键词： 中非合作；国际小水电中心；点亮非洲

一、引言

能源的可持续发展和清洁高效利用已越来越成为国际社会发展的共识。其中，水电作为一种清洁、可再生、无污染、运行费用相对较低的可再生能

---

* 姚丹，联合国工业发展组织，国际小水电中心项目主管；李一鸣，博士，浙江师范大学经济与管理学院、中非国际商学院讲师；中非能源投资合作报告编写组：陈泽侠、刘巧、韦龙鑫、向琳。

源一直是各国优先开发的对象。尤其在地形复杂的偏远地区，分布式的小水电对于提高当地生活水平和促进经济发展起到了至关重要的作用。

作为总部设在中国的第一家国际组织，国际小水电中心在国外承担了多个小水电项目的援建工作，在深化南南合作中和推动中国水利走向国际舞台进行了有益的探索和实践。其中，在非洲开展的“点亮非洲”项目为解决非洲地区水资源丰富但利用率不高、水电建设技术水平低以及电力匮乏等问题提供了优秀案例。

二、小水电的特点与非洲发展小水电的潜力

小水电是指装机容量很小的水电站或者水电装置。小水电与其他水电装置或者水电站一样，都是水力发电。但同时小水电因其“小”，具有一系列特点。

（1）分布式。水力资源是一种分布式资源，而小水电通过对小型河流的水力资源进行充分开发和利用，天然地具备了分布式能源的特点和优势。分布式的小水电可充分保障偏远农村地区的电力供应，减少远距离输配电带来的经济成本和电力损耗。同时，分布式小水电可以配合地区电力负荷的调节，使全区域的电网运行更加平稳可靠。另外，在战争时期，大型电网一旦受到冲击，其后果将是大面积的电力瘫痪，分布式电站则具备更强的鲁棒性和安全性。根据国际水电协会的报告显示，截至 2020 年，全球水电装机容量排名前五的国家是中国、巴西、美国、加拿大、印度。中国小水电资源可开发量为 128 吉瓦，居世界首位。

（2）对环境破坏小。与大中型水电站相比，小型水电对生态环境影响较小。大型水电站在建设中，不可避免地要对河流本身的水流量、鱼类资源以及当地生态环境产生重大影响。例如，赞比亚河大型水电站的建设使当地每年减少了 1000 万 ~2000 万美元的鱼虾商品收入。小水电则大量采用径流发电形式，利用自然水流，没有蓄水库。一些小水电配合建设的矮坝或小型水库不仅使当地电力需求得到满足，还兼顾山区的灌溉和供水，综合环境效益显著。

（3）可操作性强。经过上百年的发展，小水电已成为一种经过充分验证的成熟技术。无论是小水电站的安装选址，还是设备选型，都有一套完整的方案体系，以根据地区水力资源情况确定最合理的方案。同时，小水电站的建造相对容易，可以充分利用当地的劳动力和材料。另外，小水电站运行寿命长，坚固耐用，日常维护费用低。

（4）当地化。小水电所需要的投资小，工期短，见效快，可以尽量利用当地资源，调动地方各方面积极性，就近供电，就近消纳。① 例如，景宁县发展小水电对于当地的三大作用：全民办电，激发地方经济活力；携民办电，拓宽脱贫增收路径；为民办电，释放综合社会效益。靳乐（2013）论述了农村发展小水电对于农村的作用：促进了地方工业的发展、促进了地方粮食生产、减少农村人口外流。② 根据湖南省水利厅的报道，怀化市依托丰富的水能资源，新增农村水电装机容量 60 兆瓦，解决了 8000 多户农民的生活燃料问题，老旧水电站改造后装机容量和年发电量分别比改造前增加 20% 以上。改善了当地能源结构，提高了老旧农村水电站能效，还促进了贫困地区经济发展和农民增收。

小水电是世界公认的清洁能源，作为具有高灵活性的低碳能源，其作用对于“碳达峰、碳中和”具有重要意义，同时水电可以和风电，光伏进行互补，弥补不同能源之间时间上发电量不均匀的问题，是一个很好的调峰能源。随着全球范围内清洁能源替代的发展浪潮，小水电将在清洁能源综合利用的过程中不断扮演越来越重要的角色。

非洲水力资源丰富，河流众多，主要河流有尼罗河、刚果河、尼日尔河、赞比西河等。许多河流由高原流入盆地，落差大、势能大。根据国际能源署评估，非洲水力发电的技术可开发潜能是 283 吉瓦，年均发电量可达到 1200 亿千瓦时，这一数字占全球水电技术可开发资源的 8%，是世界上水电开发潜能比

① 姜富华，杜孝忠．我国小水电发展现状及存在的问题［J］．中国农村水利水电，2004（3）：82－83，86.

② 靳乐．浅析农村小水电建设及改进［J］．科技创新导报，2013（8）：139，141.

例最高的地区，但目前非洲只开发了水电潜能的11%。[①] 从非洲各地区水能资源开发水平来看，北部非洲、南部非洲开发利用程度较高，例如，北部非洲已达17%以上，而水力资源最为丰富的中部非洲，开发利用程度不超过5%。就各大河流来看，也是如此，例如，刚果河，目前开发利用率仍不足2%。

非洲小国众多，经济发展水平低。从现实角度来看，小水电因其投资小、可因地制宜分散开发和就地供电、对环境影响较小等优势，对非洲来说是发展电力的最佳选择。非洲各国对利用开发小水电来促进经济发展的需求都非常强烈，联合国开发计划署也把向非洲农村地区供电作为一项优先发展的战略计划，撒哈拉以南非洲地区农村微小型水电投资项目也于2005年启动，每个项目至少能使3000名居民受益。

中国在农村脱贫工作中积累了大量的经验，其中小水电在偏远农村地区扮演了重要的支撑作用，这些经验对非洲发展中国家的发展都有很强的借鉴意义。

三、国际小水电中心简介

1994年，国际小水电中心在中国杭州成立，是国际小水电组织的秘书处，隶属于水利部直属事业单位。该中心还在印度建立了亚洲分中心、在尼日利亚建立了非洲分中心、在哥伦比亚建立了拉美分中心，在中国的浙江金华、湖南郴州、甘肃张掖、湖南长沙、江苏南京建设了5个创新示范基地。

国际小水电中心吸收成员的方式类似于会员制度，组织或者个人以自愿为原则填写相关资料注册成为国际小水电中心会员。截至2021年4月，国际小水电中心已经在全球84个国家拥有482个会员，其中国内会员157个，外籍会员325个（其中含个人会员39个）。[②]

国际小水电中心以国际化、公益性为发展原则，以促进全球小水电的开发为宗旨，始终坚持社会公益服务的发展方向，服务国家，服务世界。例如：

---

① 国际水电协会.2020年水电现状报告［R］.2020.

② 国际小水电中心统计资料整理。

近年来，国际小水电中心受商务部、科技部的委托为发展中国家举办50多期小水电国际培训班，组织专家为80多个国家和地区的小水电项目提供技术咨询与支持。① 中心还积极利用多边合作渠道，借助水利部、商务部、联合国机构及国际小水电联合会的会员力量，面向非洲开展了大量的小水电项目，解决非洲农村电力匮乏问题，例如，“点亮非洲”项目，深化了南南合作，被誉为中国与联合国开展南南合作的典范。

国际小水电中心关注国外小水电发展的同时也不忘发展国内小水电项目。例如，从2017年开始在浙江、福建、广东、广西、陕西、湖北、云南、重庆等8个省份，对于“十三五”正在实施的20多座增效扩容改造电站从生态环境、安全生产等方面开展全球环境资金（GEF）增值改造，为小水电绿色发展提供示范。

国际小水电一直以能大力解决农村用电、促进边远山区扶贫开发和环境保护的小水电为重点发展对象，始终践行联合国《2030年可持续发展议程》，服务“一带一路”倡议，不断深化小水电项目建设，为构建人类命运共同体做出贡献。

四、中非小水电合作案例分析

（一）“点亮非洲”项目

国际小水电联合会积极为发展中国家水电发展提供技术服务，其中最具有代表性的是“点亮非洲”项目。非洲很多国家的通电率不足20%，农村地区基本处于无电状态，当地人们用电的愿望十分迫切。为此，商务部、联合国工业发展组织协同国际小水电联合会，在非洲国家开展了“点亮非洲”项目，旨在通过小水电建设为当地经济社会的发展提供示范。为了执行好“点亮非洲”项目，国际小水电联合会组织国内小水电工程技术专家，克服了非洲农村生活条

① 国际小水电官网．中心概述［EB/OL］. http：//www. icshp. org/dispArticle. Asp？ ID =214，2021 -07 -30.

件艰苦、工程点缺乏原始资料等困难，在非洲开展选点踏勘、设计咨询、技术培训、农村用电规划等大量的基础性工作。目前由国际小水电中心实施，并已在肯尼亚、尼日利亚和坦桑尼亚投产了 14 个 100 千瓦以下的微型水电项目。

（二）赞比亚西瓦安度（Shiwang'andu）小水电

西瓦安度小水电站位于赞比亚东北地区穆钦加（Muchinga）省境内，距离首都 800 多公里。此地区在赞比亚 1964 年独立以来还没有通电，能源主要依靠柴油等矿物资源。该水电站项目是由全球环境基金和赞比亚国家电力公司共同出资、联合国工业发展组织负责协调、国际小水电中心具体组织，由浙江金轮机电实业有限公司牵头承建的“交钥匙”工程，总装机 1 兆瓦，包括两台 500 千瓦机组，于 2011 年 4 月开工建设。

作为“点亮非洲”项目的典范，赞比亚西瓦安度小水电工程于 2012 年 12 月投产，时任赞比亚总统萨塔先生在讲话中高度评价该项目的作用和影响，该电站除了为当地的学校、诊所和农场提供基础性供电外，还有利于促进农村电气化，减少当地居民对薪柴资源的依赖，减少对于非清洁能源的使用，减少二氧化碳气体的排放，为世界应对全球气候变暖做出贡献。有助于改善当地通信和基础设施建设，从而进一步促进旅游、增加就业和吸引外部投资等。联合国工业发展组织代表在讲话中，赞扬赞比亚政府积极开发包括小水电在内的可再生能源，为应对气候变化作出积极的努力，指出西瓦安度小水电项目为其他发展中国家开展南南合作和三方合作提供了示范。国际小水电联合会总干事程夏蕾亲眼见证了小水电对于非洲国家有什么意义。小水电站虽然功率不高，却对当地生活带来了巨大的影响，它从照明用电、农业灌溉、食品与药品的冷藏冷冻保存等方面改变当地生活。

（三）尼日利亚栋格坝（Tunga Dam）水电站

栋格坝水电站位于尼日利亚东部塔拉巴州（Taraba State）蒙贝拉（Mambilla）高原地区，电站装机容量 400 千瓦，是尼日利亚目前规模最大的小水电站。该水电站由联合国工业发展组织（UNIDO）、联合国难民署（UNHCR）、尼日利亚塔拉巴州政府和国际小水电中心合作建设，并由国际小水电中心承担水电设备供货与安装调试等工作。

电站的发电为当地提供了生产性用电与生活性用电。一方面，为当地国有茶叶加工厂提供生产性用电，促进茶叶加工扩大生产规模，同时还带动附近更多的喀麦隆难民和无业人口实现就业，增加了收入；另一方面，还为当地5个村庄的居民提供生活用电，解决了当地居民生活用电困难的问题。水电站建成后，清洁且廉价的水电代替了原本的柴油和薪柴发电，这大大降低了茶叶加工厂的成本，茶叶加工厂终于首次实现了盈利，水电清洁能源的利用还保护了当地的生态环境，降低了温室气体的排放。联合国工业发展组织对水电站投产发电给予高度评价："我们对国际小水电中心及现场安装队给予该项目的大力支持和友好协作表示诚挚感谢，国际小水电中心再次展示了其在小水电领域的巨大价值，是引以为荣的合作伙伴，将继续加强与国际小水电中心的交流与合作。"①

（四）总结

综合上述几个项目，国际小水电联合会不仅为全球破解发展困局创造了可行的路径和方法，而且对广大发展中国家实现跨越式发展提供了有效示范。这对今后在非洲投资建设具有极高的参考价值和实践意义。以下总结出对非洲投资的主要成果和优势：

（1）增加非洲的电力普及率。非洲的发展离不开国家电力系统的支撑，而国际小水电的投资建设可以真正解决这一迫切的现实需求。大坝的建设和"点亮非洲"项目为当地电力的普及提供良好范式。

（2）增加居民收入。小水电具有容量小、投资小、建设周期短和技术简单实用等优势，十分符合广大非洲国家农村地区的实际情况，在解决当地居

---

① 国际小水电官网. 国际小水电中心参建的尼日利亚栋格坝水电站投产发电［EB/OL］. http://www.icshp.org/dispArticle.Asp? ID=1030，2014-3-25.

民照明用电的同时还可为一些农业机械提供电能，促进居民收入，发挥一定经济效益。

（3）促进本地经济起飞。通过“水电扶贫”模式，将水电这一能源转化为资源，不仅为当地带来更多的就业机会，也为基础设施建设提供动力保障，通过发展产业，最终促进当地经济起飞。

五、中非小水电合作展望

（一）发挥平台优势，建设示范基地

国际小水电中心通过具有自主品牌和重要国际影响力的“今日水电论坛”，与世界各国分享经验，寻求合作，共同发展。在浙江发展绿色小水电项目中，国际小水电中心始终坚持生态引领、坚持改革创新、坚持融合发展，绿色水电标准及国际绿色小水电示范区建设成效明显。国际小水电中心将坚持推动小水电技术合作，促进全球水电发展，促进农村社会、经济与环境发展的中心任务，在浙江地区将继续探索绿色小水电发展模式，并将现有经验应用于海外项目建设。

（二）技术升级，标准对接

目前，国际小水电中心已在制定 ISO 小水电国际标准方面取得一定的成果。2019 年底国际标准化组织 ISO 发布《小水电技术导则 第 1 部分：术语》（IWA33-1）和《小水电技术导则 第 2 部分：选点规划》（IWA33-2）；2020 年正式发布《小水电技术导则 第 3 部分：设计原则与要求》（IWA 33-3）。未来，国际小水电中心将继续加大在技术方面的研发力度，努力将研究标准上升为行业标准、国家标准、国际标准，并将技术和标准应用于海外。

（三）破而后立，科学发展

当前，在国家加大环保力度的大背景下，很多地区的污染环境的、手续

不齐全的、经营效益不好的小水电建设将被淘汰。2019 年，为加快推进浙江小水电清理整改任务，省水利厅制定了《浙江省小水电清理整改“一站一策”指导意见》。在政策指导下，浙江 2757 座小水电站开展整改、325 座小水电站清理退出。①

小水电行业的整改倒逼其转型升级，给小水电行业带来了新的发展机会。小水电在防洪、灌溉、供水、发电、旅游等方面发挥着不可替代的作用。不少小水电通过水利工程技术绿色化改造，并依托水利旅游资源的开发，吸引游客观光娱乐、休闲度假。在全域旅游理念和“绿水青山就是金山银山”生态发展理念下，浙江小水电站可以依靠数字化改革手段，通过注入文化内涵和现代化的创意等方式来吸引游客，发展“小水电 + 全业态旅游”模式。

在非洲的小水电建设项目可充分吸取中国小水电发展积累的宝贵经验，在维护良好生态环境的基础上进行有序合理的开发。例如：建立小水电生态流量监管系统，对有生态流量泄放要求的电站进行在线监管；对于民办、家用小水电，可以通过中国企业为非洲居民提供资金和技术支持。通过水能这一清洁能源开发电力，同时借鉴中国“西电东送”经验，建设全国水网、电网，从而带动落后贫困地区的经济发展。

六、结论

能源是社会经济发展的基础支撑，经济适用的清洁能源是全球可持续发展的重要目标。在清洁能源革命的契机下，对于当前电网建设尚不完善的非洲地区来说，是实现清洁能源弯道超车、跨越式发展的重要机遇期。

小水电以其良好的经济和社会效益，在中国偏远地区的脱贫工作中起到了至关重要的作用，在提高农村的电气化水平、改善山区生产生活条件等方面都做出了重要贡献。近年来，绿色小水电的建设又从环境、社会、经济、

① 郑盈盈，徐鹤群，梅林蓉．浙江：潮起之江万象新［N］．中国水利报，2020－01－08．

安全四个方面对小水电的发展提出了更高标准的要求，使其在可持续发展中扮演更关键更重要的角色，对清洁能源的开发有深远的示范意义。

国际小水电中心在小水电的全球推广工作可以说是中国与广大发展中国家开展南南合作的标杆范例，是构建人类命运共同体的有效实践，充分将中国在小水电开发中积累的技术经验推广到全球其他发展中国家。其中最为典型的便是“点亮非洲”项目，提高了非洲的电力普及率，增加了非洲居民收入，促进非洲当地经济起飞。

在未来，国际小水电中心可以更好地发挥平台优势，在中非能源与经贸合作中搭建沟通的桥梁。同时，通过对技术标准的不断探索和研发，实现更广泛的标准对接，促进国内外小水电产业的技术交流与合作。更重要的是，在全球清洁能源革命的浪潮下，破而后立，引领绿色小水电的技术发展，不断推动区域经济发展，实现人与自然的和谐相处，为人类命运共同体的构建贡献力量。

附 录

| 附录 1 |

浙江省加快推进对非经贸合作行动计划（2019—2022 年）

为贯彻落实习近平主席在 2018 中非合作论坛北京峰会开幕式上提出的“八大行动”，在中非合作中作出表率、体现担当、走在前列，推动我省开放型经济高质量发展，特结合我省对非经贸发展实际，特制定《浙江省加快推进对非经贸合作行动计划》。

一、总体思路

一是坚持共商、共建、共享。秉持“真、实、亲、诚”对非政策理念，立足浙非合作共赢，在谋划、交往、推进、建设全程注重与非洲国家政府和市场主体互利合作，蓝图共同商议、建设共同参与、成果共同分享。

二是坚持政府引导、企业主体、市场运作。坚持以政府为合作主导，以企业为合作主体，尊重市场规律，立足项目实际，确保浙非合作务实深入可持续发展。

三是坚持以点带面，分步推进。坚持统筹规划和重点突破相结合，先期集中力量和资源着力打造若干个浙非产能合作和产业对接重点国家，再发挥成功经验的示范作用，做好引领和带动。

四是坚持稳中求进，风险可控。充分评估境外投资的政治、经济、市场风险，在可行性研究的基础上，做好投资事前、事中、事后管理，切实防范投资风险。

二、主要目标

力争到2022年底，我省对非贸易总额达到400亿美元，其中出口达到300亿美元，对非贸易在全国的份额达到20%以上；在重点国家举办自办展，大力支持浙江企业特别是民营企业开拓非洲市场；对非累计投资力争达到40亿美元，支持企业在重点领域打造一批合作发展示范工程、示范项目，引导有实力的企业建设境外经贸合作区，在非洲建立省级以上境外经贸合作区3个；借助我驻非使领馆、我省在非友好城市、商协会、非洲各国驻华使领馆等渠道，打造“一带一路”浙商行（非洲站）系列活动等在非洲有一定知名度和影响力的综合活动平台；积极利用中国进出口银行、国家开发银行、中非产能合作基金、中非发展基金、丝路基金、非洲中小企业发展专项贷款等优惠金融政策，为浙企开拓海外业务提供资金支持和政策保障。

三、重点举措

（一）做好总体规划指导。认真贯彻落实全省开放大会精神，每年梳理年度对非经贸合作工作重点，引导各有关部门和企业抓住机遇，开拓非洲市场。对南部非洲要跟进，贯彻落实好省主要领导出访津巴布韦、南非、毛里求斯三国成果，推进落实一批重点项目；对东部非洲要拓展，推动浙江技术、浙江标准、浙江品牌和浙江服务与埃塞俄比亚、肯尼亚、乌干达、吉布提等国发展需求对接；对北部非洲要重视，重点与埃及、阿尔及利亚、摩洛哥等国开展工程承包和产能合作；对西部非洲要关注，先积极推动我省优势产品进入西非市场，再谋划投资和项目跟进合作。

（二）加强浙非产业对接。对接非洲发展需求，加大在纺织、服装、化工、装备制造、制药等传统领域投资力度。抓住非洲农业大发展有利时机，推动我省农业龙头企业投资棉花、蔗糖、竹子产业以及开展农产品深层次加工合作。研究设立“一带一路”非洲站点，鼓励引导有资质的企业建设符合东道国国情与需求的境外经贸合作区，推动浙江企业入驻其他省份已在非设立的合作区和东道国的开发区，严控高污染、高耗能产业向非洲国家转移，增加东道国就业和税收，促进双方互利共赢。同时，充分发挥在非浙商的优势，引进高端产能和先进技术，开展境外并购回归产业园建设，推进高质量涉非并购项目回归发展。

（三）参与非洲设施联通。支持浙江企业参与非洲的互联互通项目建设，重点加强能源、交通、信息通信、跨境水资源等方面的基础设施建设合作，同时关注绿色可持续城镇化建设机遇，在节能建筑、居民出行、垃圾处理、水供应和处理、公共卫生等领域拓展合作。借“一带一路”浙商行（非洲站）等活动契机，分享浙江城镇规划和建设积累的成功经验（产城融合、特色小镇、新农村建设、美丽乡村等），助力解决非洲城市“贫民窟”、农村缺乏规划和管理的困境等。积极参与非洲铁路、公路、电力、电信等区域联通重点项目及其配套服务项目，鼓励我省路桥、建筑企业“联盟拓市”，带动工程机械、基建材料等出口。推动宁波舟山港与非洲重点港口的合作，打造港口产业链。

（四）促进浙非贸易畅通。发挥我省外贸强省的优势，改善浙非进出口贸易结构，继续扩大对非洲商品特别是非资源类产品的进口，推动对非出口商品从轻工产品为主向工业制成品和成套设备并重逐步转变，会同相关部门提高对非进出口贸易便利化程度。注重发挥义乌的窗口作用，支持浙江企业特别是义乌企业到非洲创办专业市场。支持非洲企业和客商参加中国国际进口博览会、中国浙江投资贸易洽谈会、义乌进口商品博览会等活动并入驻义乌国际商贸城非洲产品贸易中心。鼓励和支持我省企业在肯尼亚、埃塞俄比亚、南非、摩洛哥等国家举办自办展，支持我省有实力的企业在非洲主要出口国家设立浙江品牌非洲中心和公共海外仓，增强品质浙货的影响力。

（五）推动数字经济合作。支持推动阿里巴巴与卢旺达建设非洲首个eWTP试点，鼓励浙江企业在互联网、大数据、智能安防、智慧交通等领域开展对非合作。依托现有友好城市，联合当地科研机构，开展移动互联网、云计算、大数据、物联网等新一代信息技术的开发及本土化应用，推动浙江智能化产品服务非洲数字经济发展需求。打造“线上＋线下”跨境品牌推广系统，鼓励更多浙江企业通过主流电商平台在非洲开展业务，同时在辐射力强的非洲国家试点设立浙江品牌非洲展销中心，让非洲人或在非浙商在非洲市场推广浙江优质产品、优质品牌。

（六）深化浙非人文交流。会同有关部门，鼓励在经贸合作的重点国家和省市建立友好交流关系，促进影视、文化、体育、媒体、汉语教学、学历教育、旅游往来等方面合作，为浙非经贸合作的可持续推进奠定人文基础。依托浙师大、中非民间商会等对非基础较好的高校和机构，先行设立非洲学院，通过技术交流、强化培训、学历教育等多种方式，切实帮助非洲提升能力建设。加强非洲基础职业技能培训，组织非洲学者和非洲青年访浙研修，利用援外基地开展人员交流培训，为浙江经贸合作奠定人才基础、技术基础和民意基础。

四、保障体系

（一）加强部门协同。省商务厅要加强与中国进出口银行、国家开发银行、信保、海关、税务等部门的协同，适时出台政策措施，为对非重点项目推进和贸易便利化提供支持；要加强与发改、经信、外办和各市人民政府的协同，通过高层互访、活动平台、产业对接、友城合作等方式，凝聚合力推进浙非经贸交流工作。

（二）完善合作机制。省商务厅将完善与我驻外使（领）馆经商（参）处、非洲各国驻华使领馆、在非侨商侨团和商会等的工作机制，帮助企业解决在境外遇到的困难、障碍、壁垒等实际问题。同时，充分发挥商务部对非多边和双边经贸合作机制作用，争取更多的中非合作资源示范项目落户浙江，争取浙江对非主要项目纳入中央对非合作框架。

（三）扩大对外宣传。省商务厅牵头做好对非经贸合作成果的宣传，通过电视、报纸、门户网站、微信、展会、活动等手段，积极宣传浙江对非经贸合作成果，积极共享对非经贸合作的有效信息，加大对一批对非经贸合作经典案例、重点企业的宣传力度，发挥在非成功企业的引领作用，进一步激发浙江企业走进非洲、投资非洲的热情，营造良好的社会氛围和舆论环境。

（四）做好风险防控。各级商务部门要进一步加强对我省境外企业和对外投资的监督管理，发挥行业协会和高校智库作用，开展涉非经贸、投资等领域的相关法律、规范、标准风险评估，指导在非企业规范发展，积极承担企业社会责任，妥善处置各类突发事件，不断完善风险防控体系。同时，在浙江企业有一定基础的国家，鼓励影响力较大的企业牵头，成立境外浙江商会，代表会员与当地政府部门交涉相关事宜，维护会员的合法权益，更好规避风险，减少不必要的损失。

省商务厅牵头成立我省对非经贸合作协调工作机制，加强我省开拓非洲市场、参与非洲产能合作等工作的统筹，做好与对非经贸合作相关部门和地方政府的联络沟通。各地商务部门要结合本地实际，研究制订具体实施方案，抓好重点项目推进，确保为我省高质量开放型经济发展和国家对非合作大局做出贡献。

| 附录 2 |

非洲营商环境排名（2020 年）

国家	世界排名[a]	开办企业[b]	办理施工许可证[c]	获得电力[d]	登记财产[e]	获得信贷[f]	保护少数投资者[g]	纳税[h]	跨境贸易[i]	执行合同[j]	办理破产[k]
毛里求斯	13	2	1	1	2	9	3	1	4	1	1
卢旺达	38	4	7	2	1	1	13	4	5	2	3
摩洛哥	53	5	3	3	9	9	3	5	3	5	4
肯尼亚	56	25	15	3	24	1	1	14	12	11	2
突尼斯	78	2	6	6	12	7	8	12	8	8	3
南非	84	26	12	10	12	13	2	5	24	14	4
赞比亚	85	20	6	12	32	1	5	2	26	24	6
博茨瓦纳	87	34	2	18	6	13	5	6	3	27	7
多哥	97	1	23	7	3	6	16	38	19	28	10

续表

国家	世界排名[a]	开办企业[b]	办理施工许可证[c]	获得电力[d]	登记财产[e]	获得信贷[f]	保护少数投资者[g]	纳税[h]	跨境贸易[i]	执行合同[j]	办理破产[k]
塞舌尔	100	28	16	9	4	28	24	3	8	22	5
纳米比亚	104	37	9	4	42	13	9	11	20	5	23
马拉维	109	30	24	34	7	4	8	21	18	30	27
科特迪瓦	110	3	34	19	15	6	16	17	30	12	8
吉布提	112	12	12	15	14	12	11	17	13	16	1
埃及	114	9	11	11	16	4	7	19	16	20	8
乌干达	116	40	19	32	25	13	9	12	14	9	12
加纳	118	19	14	5	14	13	5	25	28	20	36
斯威士兰	121	31	11	14	11	19	32	7	1	41	19
莱索托	122	14	38	24	17	19	26	16	2	13	22
塞内加尔	123	10	25	11	19	9	13	32	22	25	11
尼日利亚	131	18	4	33	48	5	4	29	40	8	31
尼日尔	132	8	42	25	18	6	16	34	17	18	17
佛得角	137	22	3	21	5	28	38	10	9	4	38
莫桑比克	138	42	5	8	26	39	26	18	6	38	9
津巴布韦	140	38	28	31	13	9	11	24	29	39	29
坦桑尼亚	141	36	33	6	31	9	12	31	42	7	18
马里	148	24	26	26	27	31	16	37	7	34	13
贝宁	149	11	8	37	21	31	16	35	10	35	14

续表

国家	世界排名[a]	开办企业[b]	办理施工许可证[c]	获得电力[d]	登记财产[e]	获得信贷[f]	保护少数投资者[g]	纳税[h]	跨境贸易[i]	执行合同[j]	办理破产[k]
布基纳法索	151	15	10	42	28	31	16	27	15	36	15
毛里塔尼亚	152	6	17	30	10	22	26	39	23	3	38
冈比亚	155	21	32	29	30	31	38	36	11	23	24
几内亚	156	23	20	20	20	31	32	44	34	21	20
阿尔及利亚	157	15	14	13	19	17	19	20	17	11	6
埃塞俄比亚	159	39	30	17	29	42	47	19	27	6	32
科摩罗	160	33	13	16	16	22	32	33	13	44	38
马达加斯加	161	13	44	45	36	22	23	20	21	26	28
塞拉利昂	163	9	43	40	38	39	22	13	32	17	37
布隆迪	166	5	36	43	9	42	24	23	35	33	30
喀麦隆	167	17	35	15	44	13	31	42	46	37	25
加蓬	169	16	29	28	40	22	38	43	36	45	26
圣多美和普林西比	170	29	18	13	41	39	44	22	16	47	38
苏丹	171	32	22	27	8	42	30	30	45	29	33
几内亚比绍	174	35	41	41	23	31	13	28	25	40	38
利比里亚	175	12	46	35	47	21	42	9	44	42	16
安哥拉	177	27	21	23	37	46	26	15	38	48	38
赤道几内亚	178	45	37	22	35	22	32	40	39	15	38
刚果（布）	180	43	27	38	43	22	32	45	43	32	21

续表

国家	世界排名[a]	开办企业[b]	办理施工许可证[c]	获得电力[d]	登记财产[e]	获得信贷[f]	保护少数投资者[g]	纳税[h]	跨境贸易[i]	执行合同[j]	办理破产[k]
乍得	182	47	40	39	22	31	38	47	37	31	34
刚果（金）	183	7	31	36	34	31	42	41	47	43	38
中非	184	44	45	44	39	28	32	46	31	46	34
南苏丹	185	41	39	46	45	45	45	8	41	10	38
利比亚	186	18	18	18	20	18	20	15	12	17	17
厄立特里亚	189	46	47	46	46	47	45	26	48	16	38
索马里	190	48	47	46	33	47	48	48	33	19	38

注：a 全球共 190 个经济体参与排名。b 开办企业：该指标衡量一家小型或中型有限责任制公司开办并正式运营所需要办理的手续，耗费的时间和费用。c 办理施工许可证：该项指标记录建设一个仓库/工厂所需要的手续，时间和花费，包括获取必需的许可证和批准，提交所要求的通告，申请及接受一切必需的检查以及获得公用设施。d 获得电力：该项指标记录了一个企业为了使其新建的仓库/工厂获得永久的电力连接而办理的手续，花费的时间和费用。e 登记财产：该指标基于一个标准化案例，即一个企业家想要购买一处已经登记且没有所有权纠纷的土地和建筑物，登记财产指标衡量为了登记这些财产，该企业家所采取的必需的手续，花费的时间和费用。f 获得信贷：该项指标分析两个问题，征信系统的强弱和担保及破产法在促进借贷上的有效性。g 保护少数投资者：该项指标衡量当董事滥用公司财务以获得私人利益时对于少数股东权利的保护力度，以及包括股权、治理保障和公司公开透明的要求在内的可降低股东利益受损风险的各项措施。h 纳税：该项指标记录了一家中型企业在一年中必需支付或扣缴的税费及强制性派款，本年度的报告将报税后程序加入了纳税这个指标。i 跨境贸易：该指标衡量出口及进口物流过程中所需的时间的费用。j 执行合同：该项指标衡量了于一家当地初级法院解决一起商业纠纷所花费的时间和费用，以及司法程序质量指标。k 办理破产：该项指标指出了现存破产法的不足及破产程序中的主要手续及行政上的瓶颈。

资料来源：世界银行。

| 附录3 |

非洲治理指数排名（2020年）

国家	话语权和问责	政治稳定性与杜绝暴力	政府效能	监管质量	法制	腐败控制
安哥拉	25.62	35.24	12.98	16.35	13.46	13.94
布隆迪	4.93	7.14	10.10	14.90	5.77	4.81
贝宁	50.25	34.29	36.06	37.50	26.92	42.79
布基纳法索	39.90	11.90	22.12	37.02	37.50	49.52
南苏丹	1.97	2.38	0.00	2.40	1.44	0.00
博茨瓦纳	63.05	84.29	68.27	65.87	69.23	75.48
中非	15.76	3.81	2.88	7.21	3.37	10.58
科特迪瓦	37.44	14.29	35.10	43.27	30.77	33.65
喀麦隆	16.26	8.10	19.23	19.23	11.54	11.06
刚果（布）	14.29	16.19	8.17	8.17	10.10	6.25
科摩罗	28.08	41.90	3.85	10.58	12.50	15.38
佛得角	79.31	78.10	63.46	44.71	69.71	79.81
吉布提	10.84	34.76	24.04	20.67	18.27	20.67
阿尔及利亚	20.20	13.81	33.65	7.69	20.67	29.33
埃及	8.37	12.86	36.54	18.75	37.98	27.88
厄立特里亚	0.49	20.48	2.40	1.44	5.29	7.21
埃塞俄比亚	19.70	10.95	28.37	16.83	34.62	39.90

续表

国家	话语权和问责	政治稳定性与杜绝暴力	政府效能	监管质量	法制	腐败控制
加蓬	20.69	41.43	16.35	14.42	24.52	17.79
加纳	65.52	50.48	41.83	50.48	55.29	52.40
几内亚	26.11	17.62	21.15	21.15	9.13	18.27
冈比亚	38.42	51.43	29.33	26.92	41.35	45.19
几内亚比绍	33.00	24.29	6.25	9.13	7.69	5.29
赤道几内亚	2.46	40.48	9.13	4.81	6.25	0.48
肯尼亚	36.45	12.38	38.46	41.35	35.58	24.52
利比里亚	44.33	39.05	8.65	13.46	16.35	19.23
利比亚	7.88	1.43	1.92	0.96	1.92	2.40
莱索托	46.80	33.81	18.27	33.17	40.38	55.77
摩洛哥	29.56	32.38	47.60	46.15	48.56	45.67
马达加斯加	37.93	37.62	12.02	22.60	15.87	15.87
马里	34.48	4.29	13.94	29.81	20.19	26.92
莫桑比克	31.53	20.00	18.75	23.08	14.90	23.56
毛里塔尼亚	25.12	26.19	34.62	22.12	28.85	20.19
毛里求斯	73.40	74.29	77.88	79.33	76.92	63.94
马拉维	41.87	37.14	22.60	24.52	42.79	24.04
纳米比亚	64.53	65.71	56.25	50.96	62.50	65.87
尼日尔	30.54	9.52	20.19	26.44	32.21	32.21
尼日利亚	34.98	5.24	13.46	17.79	18.75	12.98
卢旺达	18.72	52.38	60.58	58.17	56.25	70.67
苏丹	5.42	6.67	5.29	3.85	10.58	7.69
塞内加尔	55.67	49.52	50.96	50.00	47.12	59.13
塞拉利昂	41.38	44.29	12.50	17.31	22.60	38.46
索马里	2.96	2.86	0.96	1.92	0.00	0.96
圣多美和普林西比	59.61	62.86	29.81	15.87	25.96	61.06

续表

国家	话语权和问责	政治稳定性与杜绝暴力	政府效能	监管质量	法制	腐败控制
斯威士兰	13. 30	31. 90	25. 48	29. 33	32. 69	35. 10
塞舌尔	58. 13	69. 05	71. 15	49. 04	59. 13	81. 25
乍得	9. 36	10. 48	5. 77	11. 06	7. 21	5. 77
多哥	27. 59	18. 57	15. 87	25. 96	28. 37	25. 48
突尼斯	56. 65	17. 14	48. 56	35. 58	55. 77	52. 88
坦桑尼亚	32. 02	32. 86	17. 31	27. 88	29. 33	40. 87
乌干达	30. 05	22. 86	31. 25	37. 98	43. 75	11. 54
南非	69. 46	40. 00	66. 35	61. 54	50. 96	59. 62
刚果（金）	12. 81	5. 71	4. 81	5. 29	2. 40	3. 37
赞比亚	36. 95	43. 81	27. 40	31. 25	35. 10	28. 37
津巴布韦	16. 75	14. 76	10. 58	6. 25	8. 17	10. 10

注：此为百分比排名，分数从 0 ~ 100；分数越高，表明一国在该项治理指标上表现越理想。
资料来源：世界银行。

附录4

非洲次区域自由贸易协定和大陆自由贸易区协定所涉政策领域概览

项目	东非共同体	东南非共同市场	南部非洲发展共同体	西非国家经济共同体	西非经济货币联盟	南部非洲关税同盟	中非经济和货币共同体	非洲大陆自由贸易区
制成品关税	√	√	√	√	√	√	√	√
农产品关税	√	√	√	√	√	√	√	√
出口税	×	√	√	×	√	×	√	√
海关	√	√	√	√	×	√	×	√
竞争政策	√	√	√	×	√	√	√	√
国家补助	√	√	√	×	×	×	√	×
反倾销	×	√	√	√	×	×	√	√
反补贴措施	×	√	√	×	×	×	×	√

续表

项目	东非共同体	东南非共同市场	南部非洲发展共同体	西非国家经济共同体	西非经济货币联盟	南部非洲关税同盟	中非经济和货币共同体	非洲大陆自由贸易区
国营贸易企业	×	×	×	×	×	×	×	√
技术性贸易壁垒	√	√	√	×	×	√	√	√
服务贸易总协定	√	√	√	√	√	×	√	√
卫生与动植物检疫措施	√	√	√	×	×	√	√	√
资本流动	√	√	×	√	√	×	√	√
政府采购	√	×	×	×	×	×	×	×
知识产权	√	×	×	×	×	×	×	√
投资	√	√	√	×	×	×	×	√
环境法	√	√	×	√	×	×	√	×
劳动力市场法规	√	√	×	×	×	×	×	×

注：√表示政策覆盖领域；×表示政策不涉及领域。

资料来源：Hofmann C，Osnago A，Ruta M. Horizontal Depth：A New Database on the Content of Preferential Trade Agreements［R］. Policy Research Working Paper 7981，Washington，DC：World Bank，2017。